Gli effe

Mazen Alazazmeh

Gli effetti sociali dei megaprogetti ad Amman

Il caso del progetto di rigenerazione urbana di
Al-Abdali

ScienciaScripts

Imprint

Any brand names and product names mentioned in this book are subject to trademark, brand or patent protection and are trademarks or registered trademarks of their respective holders. The use of brand names, product names, common names, trade names, product descriptions etc. even without a particular marking in this work is in no way to be construed to mean that such names may be regarded as unrestricted in respect of trademark and brand protection legislation and could thus be used by anyone.

Cover image: www.ingimage.com

This book is a translation from the original published under ISBN 978-3-659-85108-7.

Publisher:
Sciencia Scripts
is a trademark of
Dodo Books Indian Ocean Ltd. and OmniScriptum S.R.L publishing group

120 High Road, East Finchley, London, N2 9ED, United Kingdom
Str. Armeneasca 28/1, office 1, Chisinau MD-2012, Republic of Moldova, Europe

ISBN: 978-620-3-59215-3

Copyright © Mazen Alazazmeh
Copyright © 2024 Dodo Books Indian Ocean Ltd. and OmniScriptum S.R.L publishing group

Indice dei contenuti

Ringraziamenti 2
Acronimi e chiarimenti... 3
Capitolo 1: Introduzione... 4
Capitolo 2: Rassegna della letteratura 7
Capitolo 3: Contesto della ricerca 13
Capitolo 4: Metodologia della ricerca 27
Capitolo 5: Analisi e risultati della ricerca 30
Capitolo 6: Conclusione.. 54
Bibliografia.. 61
Appendice.. 66

Ringraziamenti

Desidero ringraziare i miei due supervisori, il Prof. Schonig e il Dr. Schipper, per la loro preziosa guida e il loro sostegno durante tutto il lavoro.

Un ringraziamento speciale al Prof. Yasser Rajjal, all'Arch. Laith Al-Adwan e a tutti coloro che hanno gentilmente dato il loro contributo a questo libro.

Sono grato a tutti i miei amici che mi hanno aiutato e motivato durante gli studi.

Infine, dedico questo libro alla mia famiglia che mi ha sostenuto e incoraggiato senza sosta per tutta la vita.

Grazie a tutti...

Acronimi e chiarimenti

Al-	in Arabic, is a grammatical article that is translated in English to "the", thus the disuse of the English article in the presence of "Al", such as in front of "Al-Abdali"
Jabal	in Arabic, means "mountain" in English, and is sometimes used in the plural form "Jabals"
Downtown	also "Al-Madeinah district" and "Al-Balad", are all related terms used throughout the book to refer to Amman's historical city center
GAM	Greater Amman Municipality
AURP	Al-Abdali Urban Regeneration Project
AID / Abdali Psc.	Abdali Investment & Development Company
USD	United States Dollar
JOD	Jordanian Dinar. One JOD is in the range of 1.4 USD (2015).

Capitolo 1: Introduzione

1.1 Introdurre il problema della ricerca

Dopo aver assistito alla nascita e al "successo" del modello Dubai, l'accumulo di capitali è stata la principale preoccupazione delle città di tutto il Medio Oriente. I Paesi stanno commercializzando le loro città rappresentative per attrarre investimenti internazionali con l'ambizione di ottenere crescita economica e sviluppo.

Elogiando lo sviluppo immobiliare come nuova "religione" (Daher, 2011), la regione ha introdotto i "megaprogetti arabi", mega in relazione alla loro scala, al costo e all'effetto, come tendenza principale nella pianificazione urbana araba contemporanea (Barthel, 2010), in contrasto con l'approccio più sensibile della metà del XX secolo, quando era dominante una scala più umana.

Le città mediorientali sono soggette a continui cambiamenti economici, politici e strutturali. Le recenti crisi in Paesi come Iraq, Siria e Libano hanno rafforzato l'immagine della Giordania come porto sicuro per le imprese e gli investimenti. Per promuovere ulteriormente la sua capitale, Amman, è stato adottato un approccio più liberale nei confronti degli investimenti globali che la presenta "come una nuova città conforme ai parametri globalizzati di velocità, efficienza e connettività" (Parker, 2009: 110).

Sebbene gli investimenti siano stati vari e non limitati alle trasformazioni dell'ambiente urbano costruito di Amman, i progetti su larga scala sono stati il fulcro dei flussi di petrodollari verso la città a partire dall'inizio del XXI secolo (Musa, 2013). Di conseguenza, nell'ultimo decennio Amman ha conosciuto un boom immobiliare che ha influenzato notevolmente la struttura spaziale della città.

Christopher Parker (2009: 110) descrive Amman, con i suoi numerosi progetti di sviluppo in crescita, come una "città di grandi buchi". Tra le deviazioni rese necessarie dai lavori in punti strategici della rete stradale della città, si incontrano numerose zone di costruzione recintate e abbellite da cartelloni pubblicitari che lasciano intravedere il futuro scintillante in serbo per il sito".

Purtroppo, questi "buchi" non sono solo ostacoli spaziali o visivi e tendono a creare diverse sfide quando vengono costruiti. Mentre troppo inchiostro è stato consumato sui processi e le conseguenze dei mega sviluppi legati al Nord globale, poco lavoro è stato fatto sui casi mediorientali. Numerosi articoli e tesi di laurea sottolineano la necessità di studiare gli impatti delle recenti trasformazioni urbane nell'ambiente costruito di Amman e di rendere omaggio all'influenza sulle comunità locali (Daher, 2013; Musa, 2013; Summer, 2006).

Figura 1: Il sito di Al-Abdali in costruzione nel 2007 (Abdali, 2012).

Ad Amman, il "buco" più grande e dominante mai creato finora è il progetto di rigenerazione urbana Al-Abdali, che si estende su una superficie di 384.000 m² nel cuore della città, per un valore stimato di oltre 5 miliardi di dollari. Pubblicizzato come il più bel quartiere centrale di Amman per gli affari, le abitazioni e l'intrattenimento, il progetto dovrebbe lanciare "la città nel XXI secolo, mettendola alla pari con la maggior parte dei centri urbani rinomati del mondo", provocando così "un afflusso di investimenti senza precedenti dalla Giordania e dalla regione" (Abdali, 2012a).

Pubblicizzato come il "nuovo centro di Amman" e situato a meno di due chilometri da quello originale, il progetto avrà un impatto significativo sulla struttura della città, introducendo diverse sfide al tessuto esistente. Costituito principalmente da spazi commerciali e residenziali di alto livello, si ritiene che il progetto volga le spalle al centro storico originale e ai suoi utenti, scoraggiandone l'integrazione con l'ambiente circostante.

Utilizzando l'AURP come caso di studio, questo lavoro analizza l'ipotesi che tali megaprogetti tendano a privilegiare l'accumulo di profitto rispetto al benessere sociale e possano avere ripercussioni sociali negative quando sono inseriti in un contesto di pianificazione neoliberista. A tal fine, si avvale di un approccio misto costituito da interviste semi-strutturate con rappresentanti del progetto ed esperti, documenti ufficiali e dati demografici.

1.2 Domande e obiettivi della ricerca

Per analizzare se l'ipotesi formulata si applica al caso di Amman, le seguenti domande serviranno da quadro di riferimento per la ricerca:

- Quali interessi e processi guidano i megaprogetti neoliberali di Amman?
- Quali sono gli impatti di questi megaprogetti sulla struttura sociale della città? - Quali sfide creano tali sviluppi sul tessuto esistente?

Esaminando il caso dell'AURP, il più grande progetto di sviluppo immobiliare di Amman, il libro si propone di analizzare gli impatti diretti e indiretti di tali progetti monumentali sulla comunità locale, facendo luce sul rapporto tra pianificazione neoliberale e benessere sociale.

L'obiettivo di questa tesi è comprendere i processi di investimento globale sotto forma di megaprogetti all'inizio del XXI secolo ad Amman e analizzare le loro conseguenze sul tessuto circostante. Il lavoro mira a sensibilizzare l'opinione pubblica e a fungere da modello di studio per i progetti futuri al fine di evitare tali conseguenze, evidenziando la necessità di adottare misure di progettazione e realizzazione più sensibili al sito e socialmente inclusive.

1.3 Struttura del libro

Compreso questo capitolo introduttivo, il libro è suddiviso in sei capitoli. Il secondo capitolo è una rassegna della letteratura su argomenti rilevanti, tra cui il neoliberismo e la gentrificazione. Il libro inizia con questo capitolo per introdurre i lettori ai concetti in una fase iniziale della ricerca.

Il terzo capitolo introduce il contesto dell'AURP, iniziando con una breve storia dello sviluppo di Amman e una spiegazione della sua struttura attuale, proseguendo con una descrizione della riforma economica nell'ambito della quale è stato introdotto il progetto, e infine presentando il progetto stesso. Il capitolo successivo descrive la metodologia adottata per la ricerca, presenta e rende omaggio agli intervistati.

Il quinto capitolo illustra i risultati della ricerca e analizza le influenze sociali dirette e indirette del caso di studio. Come conclusione, l'ultimo capitolo discute i risultati in relazione alla teoria e alle ipotesi formulate, sottolineando la necessità di un nuovo approccio alla pianificazione neoliberale.

Capitolo 2: Rassegna della letteratura

2.1 Neoliberismo

Negli ultimi due decenni circa si è assistito all'uso e all'applicazione frequente del concetto di "neoliberismo" nei dibattiti riguardanti l'ambiente politico, economico ed edilizio. Che cosa significa? Il nome neoliberismo suggerisce una nuova e rinnovata forma di libertà nel pensiero politico. Il liberalismo è senza dubbio un concetto molto vago e ramificato. È piuttosto difficile determinare con esattezza quali ideologie e credenze i liberali avessero in comune, poiché esistevano molti "liberalismi" (Ryan, 1993). Tuttavia, Ryan categorizza queste ideologie in due gruppi principali, il liberalismo "moderno" e quello "classico", con quest'ultimo associato ai liberali precedenti come Adam Smith (ibidem). Thorsen e Lie cercano di suggerire una definizione inclusiva descrivendo il liberalismo come "un programma politico o un'ideologia i cui obiettivi includono soprattutto la diffusione, l'approfondimento e la conservazione della democrazia costituzionale, del governo limitato, della libertà individuale e di quei diritti umani e civili fondamentali che sono strumentali a qualsiasi esistenza umana decente" (2006: 7).

Sebbene Thorsen e Lie (2006: 4) associno il liberalismo "classico", come il neoliberismo, alla "convinzione che lo Stato dovrebbe essere *minimo*, il che significa che praticamente tutto, eccetto le forze armate, le forze dell'ordine e altri "beni non eccedenti", dovrebbe essere lasciato ai liberi rapporti dei cittadini e alle organizzazioni che essi scelgono liberamente di fondare e di cui fanno parte", essi sostengono che il neoliberismo dovrebbe invece essere affrontato come un'ideologia unica che è molto diversa e opposta ai beni comuni del liberalismo. Tuttavia, non c'è dubbio che il neoliberismo affondi le sue radici nel liberalismo "classico".

Quindi, ancora una volta, cos'è il neoliberismo? Una delle definizioni più meticolose che sono state date finora è quella di David Harvey nel suo "A Brief History of Neoliberalism". Secondo Harvey, "il neoliberismo è in primo luogo una teoria delle pratiche economiche politiche che propone che il benessere umano possa essere promosso al meglio liberando le libertà e le capacità imprenditoriali individuali all'interno di un quadro istituzionale caratterizzato da forti diritti di proprietà privata, da liberi mercati e dal libero commercio" (Harvey, 2005: 2). Il ruolo dello Stato rimane quindi quello di creare e preservare tutti i mezzi necessari al corretto funzionamento di questo quadro istituzionale con interventi minimi (ibidem).

In questo senso, il neoliberismo non è in relazione con i pensieri e i valori liberali tradizionali, è, come sottolinea Harvey, una "teoria delle pratiche economiche politiche" piuttosto che una "vera e propria" ideologia politica (Thorsen e Lie, 2006). Nel 2005 Saad-Filho e Johnston hanno affermato che "viviamo nell'era del neoliberismo" (2005). Mezzo decennio dopo, Harvey crede ancora nel dominio del neoliberismo e nelle sue pratiche immutabili, sostenendo che alcuni aspetti di esso sono stati addirittura intensificati (Harvey, 2011).

Sviluppo geografico disomogeneo

Secondo Harvey, il problema dello "smaltimento dell'eccedenza di capitale" è una delle principali questioni che le nostre economie si trovano ad affrontare dagli anni Settanta. In ambienti stabilizzati e sicuri, i capitalisti producono profitti per natura. Si pone quindi la questione di cosa fare di questo surplus. Affinché un capitalista possa rimanere tale nei sertngs di mercato molto competitivi del capitalismo, almeno una parte di questo surplus deve essere reinvestita. Il risultato è un reinvestimento perpetuo all'interno di un ambito in espansione nell'ambito del neoliberismo, che a sua volta aumenta la produzione di surplus (Harvey, 2011; Harvey, 2012). Questa concentrazione di ricchezza, e di conseguenza di potere, nella classe alta tra le imprese transnazionali e i gruppi d'élite è da molti imputata all'attuazione delle ideologie politiche ed economiche del neoliberismo.

Prima dell'avvento del neoliberismo, lo Stato era l'attore prevalente nella pianificazione e nello sviluppo. Il dominio delle politiche neoliberali nello sviluppo urbano oggi ha sottoposto l'arena urbana al libero mercato, spostando così la responsabilità della pianificazione nelle mani di sviluppatori e investitori e permettendo all'ambiente costruito di assumere un ruolo cruciale nell'assorbimento delle eccedenze di capitale. Il neoliberismo, si può concludere, sta "rimodellando il nostro mondo di oggi" (Saad-Filho e Johnston, 2005) attraverso una pianificazione "privata" che esercita uno sviluppo geografico ineguale.

L'ambiente costruito è stato testimone di numerosi progetti insensati in nome del surplus e dell'assorbimento di capitale. Progetti infrastrutturali superflui, come il ponte più lungo del mondo in Cina (il Danyang-Kunshan Grand Bridge, lungo 164 km, sulla ferrovia ad alta velocità Pechino-Shanghai), progetti insostenibili e puramente strumentali.Danyang-Kunshan Grand Bridge sulla ferrovia ad alta velocità Pechino-Shanghai), progetti di urbanizzazione insostenibili e puramente estetici come l'enorme arcipelago artificiale Palm Jumeirah di Dubai, insieme a edifici e grattacieli iconici come il Guggenheim Museum di Bilbao e il Gherkin di Foster, sono diventati modelli di sviluppo per promuovere le città come creative, competitive, cosmopolite e globali, al fine di attrarre ulteriori investimenti e capitali.

Harvey sostiene che questo processo incessante di smaltimento del capitale sovra-accumulato nell'urbanizzazione ha "ucciso" la città tradizionale, senza preoccuparsi affatto dei bisogni della città o delle conseguenze prodotte (Harvey, 2012). Quasi tutte le città neoliberali hanno assistito a un boom edilizio per la classe alta, ma "al prezzo di crescenti processi di distruzione creativa che comportano l'espropriazione delle masse urbane di qualsiasi diritto alla città", con conseguenti sviluppi geografici cumulativi disomogenei (ibidem).

Le influenze delle pratiche neoliberali non si limitano all'ambiente costruito, ma anche le qualità della vita urbana sono percepite come vittime. Il dominio del capitalismo, del globalismo, del turismo e del consumismo nell'economia politica urbana si riflette sull'urbanità e sullo stile di vita degli abitanti del luogo prendendo di mira i diritti umani, che sono il discorso principale e l'obiettivo delle società di oggi nel loro approccio per un mondo migliore. Si assiste quindi a un notevole sforzo politico per fornire, preservare e promuovere gli "ideali dei diritti umani" (Harvey, 2012). Tuttavia, la maggior parte delle ideologie e delle strategie che circolano sono individualistiche e legate ai beni, senza alcuna minaccia o preoccupazione per i modelli sociali, economici o politici liberali e neoliberali, permettendo al consumismo di ridefinire l'urbanità e i diritti umani (ibidem). La globalizzazione e i mass media hanno ulteriormente potenziato il consumismo, permettendogli di espandere il proprio raggio d'azione e la propria influenza su qualità come la bellezza e lo stile di vita, i bisogni e le esigenze, le necessità e gli obiettivi, adattandoli a proprio favore e ricorrendo perennemente alla società dello spettacolo, dove le merci governano i consumatori e i consumatori sono oggetti passivi che perseguono lo spettacolo autentico. Il processo è molto evidente nel nostro mondo di oggi, dove "i diritti della proprietà privata e il tasso di profitto hanno la meglio su tutte le altre nozioni di diritti che si possono pensare" (Harvey, 2012: 3).

2.2 Gentrificazione

Sebbene il termine "gentrificazione" possa avere origini moderne, le descrizioni dei suoi processi risalgono al XIX secolo e si sono ripetute numerose nel corso della storia urbana capitalista:

La crescita delle grandi città moderne conferisce alla terra in alcune aree, in particolare in quelle centrali, un valore artificialmente e colossalmente crescente; gli edifici eretti su queste aree deprimono questo valore invece di aumentarlo, perché non appartengono più alle mutate circostanze. Vengono abbattuti e sostituiti da altri. Ciò avviene soprattutto con le case operaie che sono situate in posizione centrale e i cui affitti, anche con il massimo sovraffollamento, non possono mai, o solo molto lentamente, aumentare oltre un certo massimo. Vengono abbattute e al loro posto vengono costruiti negozi, magazzini ed edifici pubblici. (Engels, 1872 in Harvey, 2012: 17)

Una delle prime introduzioni del termine stesso risale agli anni Sessanta, ad opera della sociologa Ruth Glass, per descrivere una tendenza che stava trasformando alcuni quartieri relativamente centrali di Londra. Da allora il termine ha ottenuto un'ampia attenzione, fornendo un interessante fenomeno urbano per gli studiosi di molte sottodiscipline delle scienze politiche urbane, dando vita a un quadro variegato e internazionale per il mondo accademico. Il processo è considerato una questione politica che domina il discorso della moderna ristrutturazione urbana, sfidando di conseguenza le ideologie tradizionali della residenza urbana e della struttura sociale (Chris Hamnett, 1991 in Lees et al., 2008).

Troppi sforzi sono stati fatti per definire la gentrificazione e stabilire se sia buona o cattiva. Il dizionario Webster definisce la gentrificazione come "il processo di rinnovamento e ricostruzione che accompagna l'afflusso di persone della classe media o benestanti in aree in degrado e che spesso allontana i residenti più poveri". Il termine deriva dalle parole "gentry" (persone di buona famiglia) e "flcation" (produzione). Tuttavia, non è semplice affermare che un'area sia in assoluto degrado, perché può essere piuttosto soggettivo: ciò che è percepito come in declino per alcuni potrebbe non esserlo per altri. Inoltre, negli ultimi tempi il concetto si è ampliato fino a includere, tra gli altri, gli sviluppi di nuova costruzione, le gated communities, la super-gentrificazione e la gentrificazione commerciale, variazioni che non si limitano alle aree edificate (quindi non si tratta sempre di rinnovamento/ricostruzione). Seguendo questa argomentazione, la definizione di Lees et al. (2008: xv), contenuta in uno dei primi libri di testo pubblicati sulla gentrification, corrisponde meglio alla portata contemporanea del termine, descrivendola come "la trasformazione di un'area operaia o vacante della città centrale in un'area residenziale e commerciale della classe media". In questa definizione, l'aggettivo "centrale" non si riferisce alla posizione geografica dell'area, ma piuttosto al suo significato geografico all'interno della città, come sostengono Lees et al. nello stesso libro che gentrification non è più limitata alla regione del centro città. Di conseguenza, la definizione diventa più completa in quanto include anche la recente variazione "gentrificazione rurale". Il processo viene inoltre descritto come una trasformazione, e non semplicemente come uno spostamento, poiché ritengono che la gentrificazione si accompagni anche a influenze socio-economiche e culturali (ibidem).

Poiché le radici della gentrificazione affondano in Inghilterra e nella costa orientale degli Stati Uniti, per decenni il suo campo di studio si è concentrato nelle nazioni e nelle città legate al Nord globale. Quando il processo è entrato nel XXI secolo, il compianto Neil Smith ha sostenuto che la gentrificazione può essere vista come una "strategia urbana globale", affermando che "l'impulso alla base della gentrificazione è ora generalizzato" e che "la sua incidenza è globale" (2002: 427). Ha anche avviato ricerche sui processi di gentrificazione in tutto il mondo. Ciò ha indotto gli studiosi ad affrontare il termine a livello globale e a puntare a una visione più cosmopolita, introducendo una serie di articoli su riviste e solo recentemente libri come "Whose Urban Renaissance? An international comparison of urban regeneration strategies" di Porter e Shaw del 2009 e "Global Gentrifications, Uneven development and displacement" di Lees et al. del 2015, che presentano grandi casi di studio provenienti da Europa, Nord e Sud America, Asia, Sudafrica, Medio Oriente e Australia.

La gentrificazione nasce da un rapido aumento dei valori immobiliari dovuto a una domanda elevata e crescente nelle aree urbane (Marcuse, 1985). Lees et al. (2015) sostengono, insieme alla maggior parte degli altri autori di questo libro globale, che l'esistenza della gentrificazione si basa su un insieme di condizioni rilevanti come lo spostamento in tutte le sue forme, la polarizzazione di classe e l'aumento degli investimenti in quello che Harvey definisce "il circuito secondario" dell'ambiente costruito.

Una delle definizioni più importanti di spostamento è quella di Grier e Grier, secondo cui:

Lo sfollamento si verifica quando un nucleo familiare è costretto a lasciare la propria residenza a causa di condizioni che riguardano l'abitazione o le sue immediate vicinanze e che: 1) sono al di là della ragionevole capacità della famiglia di controllarle o prevenirle; 2) si verificano nonostante la famiglia abbia rispettato tutte le condizioni di occupazione precedentemente imposte; e 3) rendono impossibile, pericolosa o inaccessibile la continuazione dell'occupazione da parte della famiglia. (1978 in Marcuse, 1985: 205)

Marcuse (1985) ha adottato questa definizione e l'ha portata avanti per concettualizzare quattro tipi di spostamento: lo spostamento diretto dell'ultimo residente (spostamento di natura fisica o economica), lo spostamento diretto a catena (questo tipo di spostamento prende in considerazione le famiglie precedenti all'ultimo residente che sono state vittime del processo di gentrification), lo spostamento di esclusione (restrizioni agli spazi gentrificati in base alla classe sociale) e lo spostamento di pressione (forze soggettive che incoraggiano le famiglie circostanti a trasferirsi). Per semplificare questi termini, lo spostamento diretto è sperimentato dalle famiglie di classe sociale bassa nella fase iniziale del processo di gentrificazione, mentre lo spostamento indiretto (spostamento per esclusione e pressione) è sperimentato continuamente dai poveri nelle aree in via di gentrificazione.

Harvey sottolinea quest'ultima condizione della gentrification e il potere delle forze economiche nella produzione dell'ambiente urbano costruito a favore di altre non economiche, affermando che i processi di gentrification si trovano "al centro del processo urbano sotto il capitalismo" e che le conseguenze sono "un'immagine speculare dell'assorbimento del capitale attraverso la riqualificazione urbana" (Harvey, 2012: 18). Al contrario, Van Weesep (1994: 80) sostiene che i sintomi, le influenze e gli approcci della gentrificazione sono in gran parte formati dal contesto locale, degradando il "perché" del processo in relazione al "come" e alla geografia della gentrificazione (il ruolo dello Stato e della sua politica, il potere e l'obiettivo dei gentrificatori, le microstrutture dell'area, il processo di sviluppo, ecc.) Tuttavia, alcune condizioni, proprio quelle suggerite da Lees et al., sembrano apparire e ripetersi nei contesti globali.

La gentrificazione in nome di rigenerazione, rivitalizzazione, rinascita, rinnovamento, riqualificazione, ringiovanimento, ristrutturazione, rinascita, riurbanizzazione e risocializzazione (Peck e Tickell, 2002), generata da successivi cicli di investimento, sembra essere convenzionale nelle città di oggi, con il risultato di diverse sfide e preoccupazioni per le strutture socio-economiche. L'urbanismo neoliberale è legato all'aumento di questi progetti di sviluppo per il vero bene del capitale e dell'assorbimento del surplus, e quindi per il beneficio perpetuo dei capitalisti di alta classe. Gli studiosi di scienze politiche urbane hanno da tempo riconosciuto e criticato questa relazione, sostenendo che la gentrificazione non è semplicemente un sottoprodotto della pianificazione neoliberale, ma piuttosto una sua parte essenziale, una strategia dei capitalisti per rimanere tali (Smith, 2002; Lees et al., 2008; Harvey, 2012). Attraverso la gentrificazione, il neoliberismo indirettamente, la classe media rivendica/recupera gli spazi e le regioni del centro città a spese della classe operaia meno potente, spingendola verso luoghi con opzioni abitative più accessibili, tipicamente in periferia e ai margini della città. In questo modo, viene negato loro il "diritto alla città", se mai ce n'è stato uno. "Il diritto alla città effettivamente esistente, così come è ora costituito, è troppo limitato, nella maggior parte dei casi nelle mani di una piccola élite politica ed economica che è in grado di plasmare la città sempre più secondo le proprie esigenze particolari e il desiderio delle proprie arti" (Harvey, 2012: 24).

Capitolo 3: Contesto della ricerca

La Giordania è un piccolo Paese del Medio Oriente che confina con Siria, Iraq, Arabia Saudita e Palestina. Gli altopiani occidentali della Giordania ospitano le principali città del Paese, pari a circa il 75% della popolazione totale (Makhamreha & Almanasy- eha, 2011). Amman, la capitale della Giordania, è considerata una delle città a più rapida crescita del mondo. Una città nata negli anni '20 come un piccolo insediamento agricolo con poco più di 2000 abitanti è oggi una metropoli importante con una popolazione di oltre 2 milioni di abitanti.

3.1 Breve storia: lo sviluppo della città

Amman ha origini moderne, ma le sue radici sono molto profonde, con insediamenti che risalgono alla preistoria. Nel XIII secolo a.C., sotto gli Ammoniti, la regione prese il nome di Rabat Amon. Rabat Amon (nota anche come Rabbath Ammon) fu poi conquistata dagli Assiri, seguiti dai Persiani e successivamente dai Greci Macedoni che la ribattezzarono in Filadelfia. Dopo aver fatto parte del regno nabateo, la città si unì alla Decapoli sotto i Romani. Alla fine mantenne il nome di Amman durante l'epoca ghassana e fiorì sotto i califfati degli Omayyadi e degli Abbasidi. (GAM, 2009)

In seguito, Amman fu scarsamente abitata fino alla fine del XIX secolo, quando i circassi, un gruppo di musulmani prevalentemente sunniti, si riversarono gradualmente in città sotto il dominio ottomano, dopo l'esodo dalle loro terre d'origine nel Caucaso settentrionale nell'ambito della conquista russa. Si stabilirono nell'area dell'attuale centro città, intorno allo storico anfiteatro romano dove esisteva il "Seil" (fiume). Nel 1908, l'apertura della ferrovia dell'Hejaz introdusse altri abitanti dalla regione (Shami, 1996). La città conobbe una crescita significativa negli anni '20, quando divenne la capitale ufficiale dell'Emirato di Transgiordania, la regione dell'attuale Giordania, prima di ottenere l'indipendenza dagli inglesi nel 1946.

Il periodo tra gli anni Quaranta e gli anni Sessanta ha visto una drastica crescita della popolazione di Amman. Le guerre regionali furono il principale fattore responsabile di questo immenso cambiamento demografico, in particolare i conflitti arabo-israeliani. Le conseguenze della prima guerra arabo-israeliana del 1945 portarono più di 200.000 rifugiati palestinesi ad Amman e i suoi dintorni. Mentre la Guerra dei Sei Giorni del 1967 ha causato il trasferimento diretto di circa 180.000 palestinesi-giordani dalla Cisgiordania (territorio giordano prima della guerra) alla capitale (ONU, 2005).

A seguito della guerra del 1967, l'economia giordana fu devastata. Ciononostante, fu costretta a sostenere il continuo afflusso di palestinesi. La fornitura di alloggi divenne la priorità della contea, e ciò avvenne rapidamente. Di conseguenza, i coloni "hanno colpito le abitazioni, e a loro volta le hanno colpite" (El-Ghul, 1999).

L'economia del Paese ha iniziato a riprendersi con il ritorno dei ricchi espatriati dai Paesi circostanti ricchi di petrolio dopo la crisi petrolifera del 1973, ed è fiorita con l'arrivo dei ricchi libanesi fuggiti dal Libano durante lo scoppio della guerra civile nel 1975. Sebbene migliaia di libanesi si siano trasferiti ad Amman, pochi sono rimasti in città (ONU, 2005). La loro presenza, seppur breve, ha portato a un boom economico che ha influenzato il mercato immobiliare, ha migliorato gli standard edilizi e ha introdotto nuove forme architettoniche, portando Amman in contatto con lo stile internazionale (El-Ghul, 1999). Questo boom, a sua volta, attirò molta manodopera non solo da altre parti della Giordania, ma anche dai Paesi vicini.

Più tardi, all'inizio degli anni Novanta, centinaia di migliaia di giordani si trasferirono dagli Stati del Golfo a seguito della Guerra del Golfo, soprattutto ad Amman. Ma le conseguenze della Guerra del Golfo non si limitarono all'afflusso di soli giordani: anche numerosi cittadini iracheni cercarono la Giordania per ottenere migliori standard di vita e stabilità politica (ONU, 2005). L'ondata di cittadini iracheni in Giordania è proseguita con lo scoppio della guerra del 2003. Secondo le stime, nel 2007 risiedevano nel Paese più di 400.000 iracheni (Norwegian Research Institute Fafo et al., 2007). A differenza della situazione degli ex rifugiati palestinesi, la maggior parte dei cittadini iracheni entrati in Giordania era benestante e, come gli espatriati giordani rientrati, incoraggiava stili di vita e modelli di consumo agiati (ONU, 2005).

La guerra regionale e l'instabilità continuano a influenzare la Giordania nel XXI secolo attraverso i conflitti della Primavera araba, in particolare la guerra civile siriana in corso, iniziata nel 2011. La guerra siriana ha avuto un impatto significativo sulla struttura demografica di Amman e è molto probabile che il numero di rifugiati sia destinato ad aumentare. Prima della crisi, nel Paese vivevano circa 750.000 siriani. Dall'inizio del conflitto, più di 600.000 rifugiati siriani sono entrati in Giordania, portando la popolazione siriana a circa 1,4 milioni (Jordan Times, 2014; Ministero della Pianificazione e della Cooperazione Internazionale, 2014). Circa l'85% degli arrivi del dopoguerra si è stabilito fuori dai campi, esercitando una pressione sull'ambiente costruito della Giordania, principalmente su Amman, Mafraq, Irbid e Al-Zarqa (Ministero della Pianificazione e della Cooperazione Internazionale, 2014). Per quanto riguarda Amman, si ritiene che ospiti più di 790.000 siriani, pari a più del 20% della popolazione totale della città (Jordan Times, 2014).

I dati più recenti del Dipartimento giordano di statistica risalgono al 2013 e stimano la popolazione di Amman a 2.528.500 persone, pari al 38,7% della popolazione totale (2013), ma questo numero esclude i rifugiati siriani. Nell'aprile 2014, il sindaco di Amman, Aqel Biltaji, ha dichiarato che la popolazione della capitale è salita a circa quattro milioni (Jordan Times, 2014).

Si può concludere che le persone si sono accumulate ad Amman per tre ragioni principali: culturali, politiche e belliche (El-Ghul, 1999). Ai tempi della Transgiordania, la popolazione della regione era costituita principalmente da popolazioni tribali. Alcune di queste tribù erano sedentarie, altre semi-sedimentate e altre ancora nomadi che vagavano intorno alla capitale (Alon, 2007). I frequenti spostamenti tra le due sponde del fiume Giordano erano molto comuni per motivi agricoli e sociali.

Dopo l'indipendenza della Giordania, le politiche ufficiali dello Stato hanno incoraggiato l'insediamento urbano dei beduini, gli arabi nomadi del deserto che vivevano nell'area geografica della Transgiordania (El-Ghul, 1999). Inoltre, la decisione politica di collocare le installazioni militari all'interno delle città ha aumentato la migrazione urbana delle famiglie dell'esercito.

Per quanto riguarda la guerra, essa è considerata la ragione principale della crescita della città. Gli imprevisti eventi politici che hanno interessato il Medio Oriente a partire dalla seconda metà del XX secolo hanno costretto la capitale a ricevere un gran numero di migrazioni dai Paesi circostanti. Di conseguenza, una pianificazione urbanistica persistente era quasi impossibile. La città è stata costretta ad adattarsi agli improvvisi cambiamenti demografici, e lo ha fatto in un modo che ha portato a una fenomenale espansione dell'ambiente urbano costruito. La stabilità politica di Amman, la sua sicurezza e la sua vicinanza continuano ad attrarre i rifugiati, tanto da renderla una "città di rifugiati" (El-Ghul, 1999).

3.2 Segregazione ad Amman

I quartieri residenziali dell'Amman contemporanea sono caratterizzati dalla divisione sociale derivante dalla sua storia di rapida espansione. Ciò può avere origine nella **crescita iniziale di Jabal Amman**, uno dei quartieri più ricchi della città a ovest di Al-Balad, e nella formazione dei campi profughi palestinesi ufficiali dell'ONU nella parte orientale della città. Questa tendenza è continuata con lo sviluppo della città e con l'estensione delle regioni. Il risultato è stato una capitale che ospita una popolazione relativamente ad alto reddito con densità basse che variano tra i 2500-6000 abitanti/km² a ovest, e un contrasto di gruppi poveri con densità che variano da 14.000 a 30.000 abitanti/km2 a est (Potter et al., 2009).

Anche le guide attuali sono consapevoli di questa segregazione sociale che sembra dividere lo spazio urbano della città: "I residenti parlano apertamente di due Amman, anche se in realtà ce ne sono molte. L'Amman orientale (che comprende il centro) è la casa dei poveri urbanizzati: è conservatrice, più islamica nelle sue simpatie e ha vasti campi di rifugiati palestinesi ai suoi margini. L'Amman occidentale è un mondo a parte, con quartieri residenziali verdeggianti, caffè e bar alla moda, gallerie d'arte imponenti e giovani uomini e donne che camminano apertamente a braccetto" (Ham & Greenway, 2003:98).

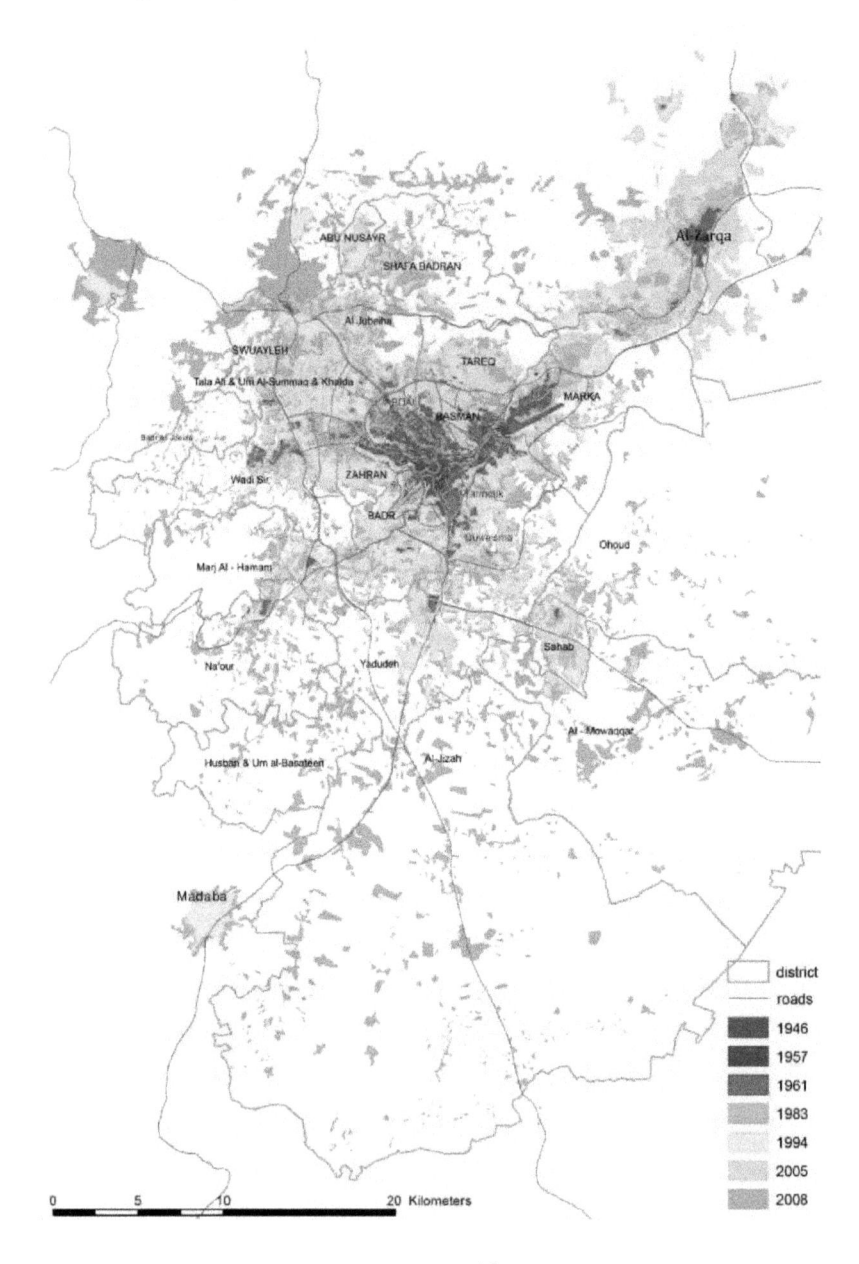

Figura 2: La crescita urbana delle due città più popolate della Giordania, Amman e Al-Zarqa (nord-est della mappa), tra il 1946 e il 2008 (Ababsa, 2013; modifica dell'autore, 2015).

Nella pianificazione, la Municipalità di Greater Amman suddivide i terreni residenziali in quattro categorie. Le categorie di sono indicate in ordine alfabetico dalla A alla D e si differenziano per caratteristiche quali la dimensione minima dell'appezzamento, la percentuale massima consentita di terreno edificabile e il confine dell'appezzamento. Gli studi sviluppati da Potter et al. e Myriam Ababsa rivelano la struttura demografica di Amman, che aiuta a percepire la segregazione sociale all'interno della città.

Le categorie residenziali possono essere suddivise in due gruppi principali con caratteristiche approssimative. Le categorie A e B hanno superfici di lotto di almeno 750 m^2 (la categoria A ha un minimo di 900 m2 mentre la categoria B è compresa tra 750 e 900 m2). L'area edificata di entrambe dovrebbe essere inferiore al 50% per garantire confini e spazi verdi rispettabili. Le categorie C e D, invece, riguardano lotti di superficie inferiore a 500 m2 (quelli della categoria C si aggirano intorno ai 400 m2 e quelli della categoria D arrivano fino a 200 m2). Gli edifici residenziali delle rispettive categorie occupano più del 50% del lotto (il 51% consentito per la categoria C e il 55% per la categoria D), quindi si riferiscono ad aree più dense della città.

Le categorie A e B sono concentrate quasi esclusivamente a ovest del centro città, con alcuni raggruppamenti a nord e a sud. La crescita di queste tipologie edilizie può essere messa in relazione con il ritorno degli espatriati della classe medio-alta e con il costante arrivo di immigrati benestanti. Costruire a ovest era una delle poche opzioni di questa classe sociale, poiché il centro cittadino, molto denso e collinare, rendeva quasi impossibile lo sviluppo di abitazioni spaziose. Inoltre, le condizioni tettoniche degli edifici esistenti erano scadenti e poco attraenti. Ciò ha reso l'idea di investire e di espandersi lontano dal centro della città molto più desiderabile per le persone finanziariamente capaci. La regione occidentale è stata messa in evidenza, tra l'altro, per la sua topografia elevata e per la sua classificazione storica come settore ricco della città. Questo, a sua volta, ha fatto sì che si sviluppasse il modello di crescita nord-occidentale.

La categoria D compare soprattutto nel centro della città, nella valle e nei suoi dintorni, oltre che nei due campi profughi palestinesi, molto densi. Infine, gli edifici residenziali C sembrano crescere dalla categoria precedente, con una concentrazione verso est. L'espansione di queste due tipologie è legata soprattutto all'arrivo di un gran numero di rifugiati palestinesi svantaggiati nella seconda metà del XX secolo. Amman, all'epoca, non era in grado di sostenere questo improvviso e drastico aumento di popolazione. Il risultato fu la costruzione di campi di emergenza e di insediamenti informali adiacenti che si rivolgevano ai servizi forniti dalla United Nations Reliefand Works Agency. I due campi profughi ufficiali del centro di Amman sono situati in prossimità del centro città. Il campo di Al-Hussein si trova a Jabal Al-Hussein, uno dei Jabal orientali della città, di fronte al più sviluppato Jabal Amman. Il campo di Al-Wehdat si trova invece a sud-est, nel quartiere di Al-Qwaismeh.

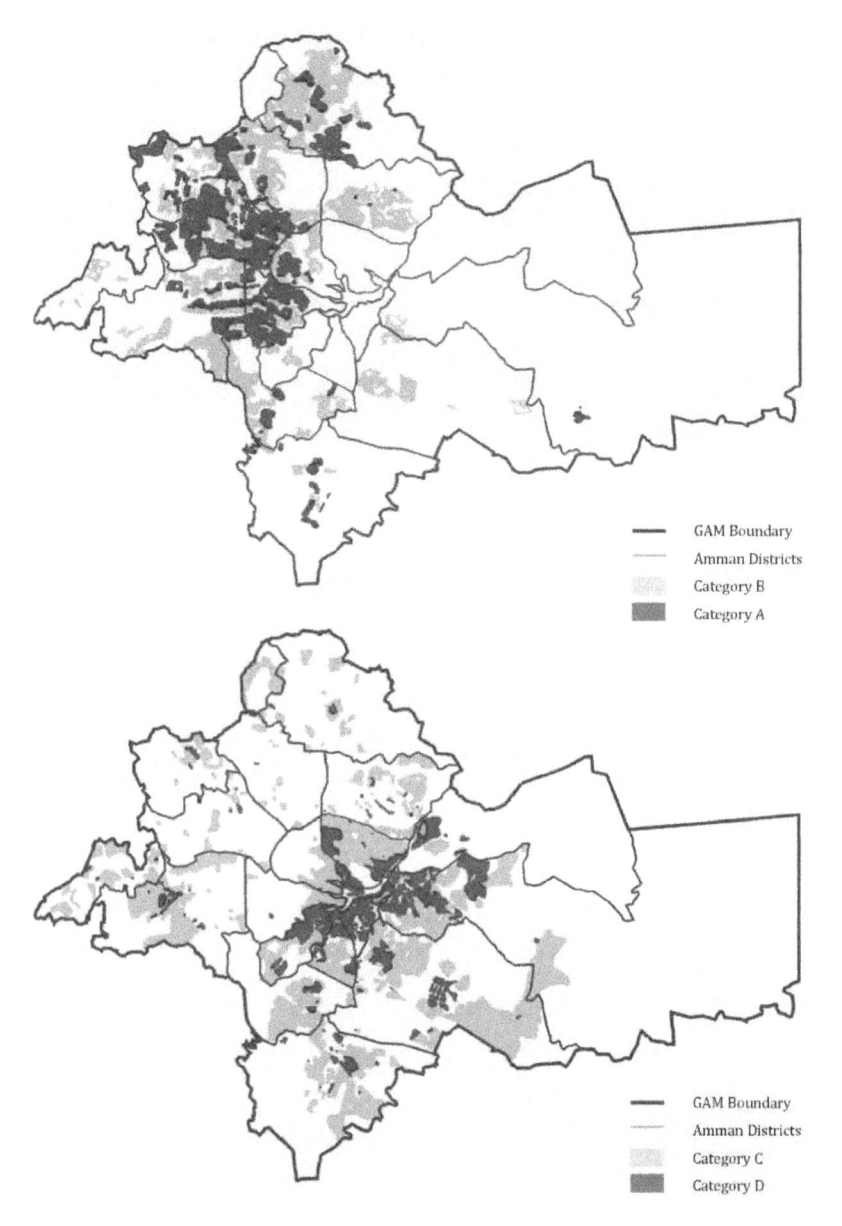

Figura 3: Categorizzazione dei terreni residenziali ad Amman prima dell'espansione dei confini

comunali nel 2007 (autore, 2015; basato su Potter et al., 2009).

Le tipologie edilizie sono fortemente associate a fattori socio-economici. Le abitazioni eleganti e spaziose rappresentano un gruppo sociale più avvantaggiato che può permettersi tale tipologia, mentre edifici inadeguati e sottodimensionati rappresentano una classe inferiore. Pertanto, l'analisi delle categorie residenziali e delle rispettive strutture aiuta a percepire la segregazione fisica delle classi sociali all'interno di Amman. La città può essere divisa in due regioni principali: l'ovest, che ospita la classe sociale alta, e l'est, che ospita i gruppi più poveri. Ciò è dimostrato anche dalle mappe dello studio di Myriam Ababsa che ritraggono la morfologia urbana di Amman. Le case Dar (case tradizionali a uno o due piani) si trovano soprattutto a est, mentre le ville sembrano dominare a ovest.

La segregazione si riflette quindi sul carattere urbano della città. La trasformazione dell'ambiente edificato è notevole quando ci si sposta dalle zone eleganti di Amman ovest, come Abdoun, verso est. L'edilizia povera e i quartieri degradati sostituiscono rapidamente le belle ville e l'architettura moderna insieme ai loro ambienti verdi. Le aree urbane molto dense e le infrastrutture scadenti prendono il sopravvento introducendo ulteriori ingorghi e inquinamento.

Tuttavia, la segregazione non si limita solo all'ambiente costruito, ma si manifesta anche nella mentalità e nei costumi sociali dei rispettivi gruppi. L'Amman occidentale ha una percentuale più alta di donne nella popolazione attiva, mentre l'est ospita una percentuale maggiore di bambini sotto i 14 anni. Di conseguenza, è lecito supporre che l'Occidente acquisisca una mentalità più moderna e aperta nei confronti delle famiglie. Inoltre, la percentuale di anziani è più alta in Occidente, soprattutto per la possibilità di accedere a servizi medici migliori.

Questa continua segregazione ad Amman è il risultato di una divisione dinamica di classe sociale che ha avuto inizio in una scala non più grande del centro e dei Jabal circostanti. Purtroppo, gli sviluppi immobiliari contemporanei stanno amplificando queste geografie di disuguaglianza, allontanando ulteriormente l'est e l'ovest.

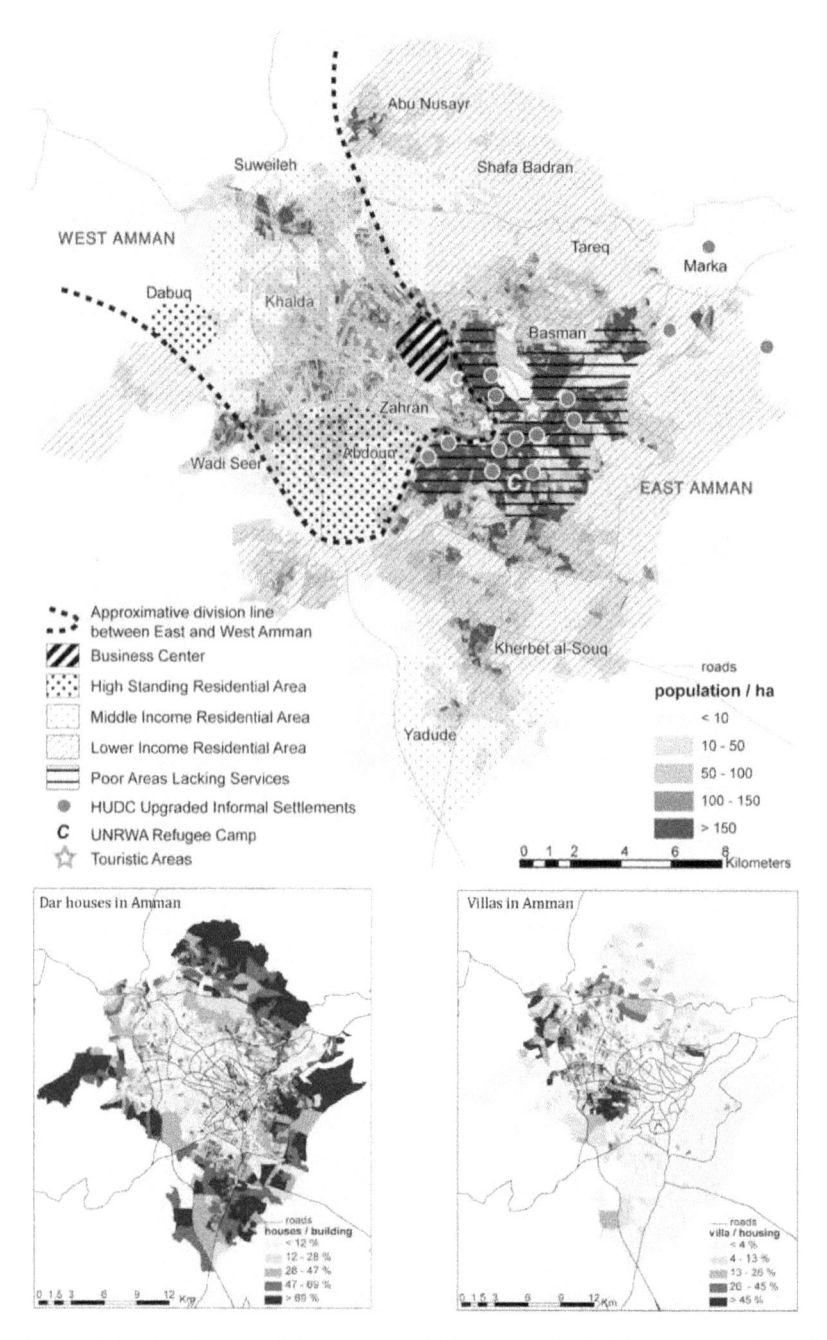

Figura 4: Studio della morfologia urbana di Amman del 2004. Il "Business Center" evidenziato nella mappa superiore è AURP (Ababsa, 2011).

3.3 L'economia della Giordania

3.3.1 Capitalismo patrimoniale

La Giordania ha una piccola economia basata sui servizi (Schlumberger, 2002). Non è uno dei Paesi produttori di petrolio del Medio Oriente e possiede risorse naturali limitate. La Giordania ha un settore industriale modesto e un settore agricolo limitato che è rimasto relativamente piccolo dopo la perdita della Cisgiordania. D'altro canto, i settori della tecnologia dell'informazione e del turismo sono in crescita. Inoltre, l'alta reputazione della Giordania nel settore sanitario ne fa un centro medico regionale che attira ogni anno migliaia di pazienti da tutta la regione (Mawared, 2010a). Le entrate del Paese dipendono in larga misura dalla numerosa comunità di espatriati, altamente retribuiti, che portano denaro sotto forma di rimesse e investimenti. La Giordania conta anche sull'assistenza finanziaria e sugli investimenti diretti di altri Paesi sviluppati, come gli Stati del Golfo.

La Giordania adotta un'economia capitalista (Henry & Springborg, 2010). Alla fine del XIX secolo, in Medio Oriente sono stati introdotti diversi capitalismi, tra cui i modelli anglo-americano, tedesco e francese (ibidem). Henry e Spring- borg (2010) sostengono che il modello anglo-americano è stato adottato dai Paesi ricchi di capitale, mentre il modello tedesco, più adatto a situazioni di scarsità di capitale, era prevalente nei Paesi poveri di capitale. L'economia giordana segue quest'ultimo modello, ma è un capitalismo unico che non obbedisce totalmente al modello occidentale (Musa, 2013). Alcuni aspetti dell'economia giordana, come la concorrenza e la legge, sono dominati da modelli socio-politici informali (Schlumberger, 2002) che impediscono di raggiungere il capitalismo avanzato (Musa, 2013). L'economia giordana è quindi meglio descritta come "capitalismo patrimoniale" (Schlumberger, 2002).

3.3.2 Riforma economica

La riforma economica della Giordania è iniziata negli anni '90 ed è diventata più estesa durante il regno di re Abdullah II (Schlumberger, 2002; Mawared, 2010a). Da quando è salito al trono nel 1999, la Giordania è entrata a far parte dell'Organizzazione mondiale del commercio nel 2000, ha assunto un ruolo nell'Associazione europea di libero scambio nel 2001 e ha firmato un accordo di libero scambio con gli Stati Uniti nel 2001, diventando il primo Paese arabo a firmare un accordo di libero scambio con gli Stati Uniti e il quarto in assoluto (Mawared, 2010a).

L'obiettivo era quello di rafforzare la posizione della Giordania nel mercato internazionale aumentando la sua flessibilità economica e l'integrazione globale, al fine di attirare capitali e investimenti stranieri (Schlumberger, 2002). A tal fine, lo Stato doveva liberalizzare l'economia nazionale e introdurre nuove misure finanziarie e amministrative. Il ruolo del governo si è trasformato da attore dominante dell'economia a facilitatore della crescita economica, supervisionando il settore privato e guidando il processo di sviluppo (Daher, 2013; Mawared, 2010a). È stata introdotta una nuova serie di leggi, come la Legge per la promozione degli investimenti (n. 16/1995) che "è stata concepita per attrarre un maggior numero di investimenti esteri e nazionali attraverso generosi incentivi, come esenzioni fiscali a lungo termine e dazi doganali" (Schlumberger, 2002: 231), e la Legge sulle privatizzazioni che "stabilisce l'uso dei proventi delle privatizzazioni per rimborsare i prestiti dovuti dalle imprese privatizzate al governo e finanziare progetti di sviluppo economico e sociale" (Mawared, 2010a).

La Giordania ha anche lavorato sulle sue relazioni con il mondo globale, in particolare con gli Stati del Golfo che si erano indeboliti dopo la Guerra del Golfo. Di conseguenza, il XXI secolo ha visto un aumento del flusso di petrodollari e la registrazione di un centinaio di imprese di costruzione non giordane (Musa, 2013).

La riforma economica ha portato a rapide trasformazioni in Giordania che il Re ha giustificato affermando che "la velocità con cui il governo deve agire per attirare gli investimenti può cogliere di sorpresa la società e far discutere... è così che funziona il mondo. I Paesi che si adeguano alla velocità vinceranno e quelli che lasciano che la burocrazia ingombrante si metta di traverso perderanno" - Re Abdullah II (Ruwash-deh, 2008 in Parker, 2009: 112).

Amman è stata la città più influenzata da questa nuova struttura economica, poiché la maggior parte degli investitori stranieri era interessata soprattutto alla capitale. Inoltre, l'instabilità politica di alcuni Paesi circostanti nel XXI secolo ha esercitato una maggiore pressione su Amman in quanto città globale e "città per rifugiati" (El-Ghul, 1999). Il risultato è stata una rapida crescita passiva, alla quale il re Abdullah II ha reagito suggerendo al GAM, nel maggio 2006, di sviluppare un nuovo piano regolatore per Amman. "È fondamentale che tutti noi facciamo del nostro meglio per garantire che la nostra amata città continui a essere una calamita per progetti di sviluppo all'avanguardia e un terreno fertile in cui idee innovative possano attecchire e fiorire" - Re Abdullah II (2006 in Parker, 2009:116).

Nel 2008, il GAM ha finalmente pubblicato un piano per Amman che prevedeva lo sviluppo futuro della città e una popolazione prevista di 6 milioni di persone per l'anno 2025. "Il Piano di Amman presenta un approccio poco ortodosso alla pianificazione metropolitana, urbana e comunitaria" (GAM, 2008). Il piano ha affrontato tre scale cittadine: la scala metropolitana, che si è concentrata sul quadro di sviluppo della Grande Amman, la scala di area, che ha incluso piani di uso del suolo e infrastrutture, e la scala comunitaria, che si concentra sullo zoom dei piani per i quartieri e gli isolati (ibidem). La scala comunitaria include dettagli e requisiti sugli edifici di grande altezza e sulla loro collocazione all'interno della città. Per incoraggiare i progetti su larga scala, il piano di Amman ha creato uno "sportello unico" che ha spostato il ruolo della burocrazia di richiesta dall'investitore al solo GAM (GAM, 2008).

3.4 Un progetto di rigenerazione urbana | -Abdali

3.4.1 Sfondo

In Giordania, una vasta area di terreno urbano è occupata da installazioni militari, di cui 80 ettari solo ad Amman. Sotto il regno di re Abdullah II, è stato annunciato un piano per trasferire le installazioni militari dai luoghi centrali della città (Rajjal, comunicazione personale, 2014). L'obiettivo era quello di rilanciare l'economia nazionale fornendo terreni potenziali per lo sviluppo futuro. Nel 2002, due importanti campi militari urbani sono stati liberati nelle due principali città della Giordania, tra cui il campo di Al-Abdali.

Il proprietario dei siti militari è Mawared, la National Resources Investment and Development Corporation. Mawared è una società di investimento di proprietà dello Stato, indipendente dal punto di vista finanziario e amministrativo, che oggi è considerata il più grande promotore immobiliare della Giordania (Daher, 2013; Mawared, 2010b). La sua missione è guidare l'iniziativa di rigenerazione dei siti militari urbani fornendo i terreni di prima scelta come quota di capitale e fungendo da modello di partenariato pubblico-privato che "genera notevoli opportunità di investimento per il settore privato, crea opportunità di lavoro e stimola la crescita economica" (Mawared, 2010b).

Nel 2004, Abdali Investment & Development (AID) Psc, una società privata di sviluppo del territorio, è stata costituita per sviluppare AURP (Abdali, 2012b). La società era il risultato di una partnership paritaria tra Mawared e Saudi Oger, una delle principali società regionali di sviluppo con sede in Arabia Saudita e fondata da Rafic Hariri (Rajjal, comunicazione personale, 2015; Summer, 2006). Dopo l'assassinio del padre, Bahaa Rafic Hariri ha lasciato la società Saudi Oger di proprietà della famiglia e ha rilevato la partnership con Mawared attraverso la sua nuova società, Horizon International for Development (Bloomberg, 2008; Abdali, 2012b). Successivamente, la United Real Estate Company, sotto il gruppo della Kuwait Projects Company (KIPCO), si è unita alla partnership (Rajjal, comunicazione personale, 2015; Abdali, 2012b).

3.4.2 Il progetto

Il sito di sviluppo di Al-Abdali ospitava installazioni militari e di sicurezza nazionali centrali, tra cui il Quartier Generale delle Forze Armate Giordane, il Dipartimento di Intelligence Generale e la Direzione della Pubblica Sicurezza. Quando questi edifici furono costruiti nella seconda metà del XX secolo, il sito era marginale rispetto al centro di Amman. Dopo decenni di espansione, il sito è diventato una parte essenziale del tessuto urbano interno. La ricollocazione dei componenti del sito ha fatto sì che questo diventasse il più grande lotto contiguo, di proprietà singola e libero nel centro della città.

Il sito si trova nel distretto di Al-Abdali, un quartiere geograficamente significativo per la sua storia e la sua vicinanza. Al-Abdali ospita una popolazione di oltre 120.000 abitanti (Dipartimento di Statistica, 2014) distribuiti in quattro quartieri residenziali: Jabal Al-Weibdeh, Al-Shmeisani, Sport City e Jabal Al-Hus- sein, dove si trova il campo palestinese di Al-Hussein. L'importanza del sito in sé non è minore a causa dei principali edifici circostanti, come la Moschea del Re Abdullah I, il Palazzo del Parlamento - Camera dei Rappresentanti, il Palazzo di Giustizia e il Ministero dell'Istruzione.

Promosso come il "Nuovo centro di Amman" (The Abdali Brochure, 2015), AURP è destinato a essere il più grande progetto di sviluppo a uso misto nel cuore della città. Il progetto si compone di due fasi che sviluppano un'area totale di 384.000 m^2 per ottenere una superficie edificata di due milioni di metri quadrati (Abdali, 2012a). Il progetto è stato lanciato all'inizio degli anni 2000 e si prevedeva che sarebbe stato completato entro il 2013 (AID, 2008). Tuttavia, la fase uno del progetto, che sviluppa un'area edificata di 1.030.000 m2 su un terreno di 251.000 m2 (Abdali, 2012a), è ancora in corso con un'apertura solo parziale del sito nell'anno 2014 (The Boulevard, 2015).

Valutato oltre 5 miliardi di dollari, il progetto introdurrà appartamenti residenziali di fascia alta, spazi commerciali, hotel e appartamenti serviti, oltre a strutture mediche e di intrattenimento. Il progetto mira a prosperare puntando e potenziando i settori più interessanti del Paese: il turismo, il settore medico e quello commerciale. Il Boulevard e l'Abdali Mall ospiteranno marchi internazionali di lusso, creando una nuova destinazione commerciale di classe superiore nel cuore della città. Saranno sviluppate anche catene alberghiere d'élite per attrarre un nuovo gruppo sociale turistico. Centri medici con strutture all'avanguardia promuoveranno ulteriormente Amman e Al-Abdali come centro di turismo sanitario regionale. Per attirare le aziende commerciali internazionali e regionali, il progetto ha dedicato un'ampia percentuale dello sviluppo a spazi per uffici intelligenti e moderni (Abdali, 2012a).

L'obiettivo del progetto Al-Abdali, come si legge sul suo sito web, è quello di creare un nuovo "centro moderno che prima mancava ad Amman, che soddisferà le esigenze degli affari e dello stile di vita, oltre a creare ulteriori opportunità di lavoro e a provocare un afflusso senza precedenti di investimenti dalla Giordania e dalla regione" (2012).

Figura 5, in alto: Il rendering 3D più diffuso di AURP inserito in un contesto reale (Abdali, 2012).

in basso: Il masterplan dello sviluppo di Laceco Architects & Engineers (The Abdali Brochure, 2015).

Figura 6, a fianco: Mappa del distretto di Al-Abdali in relazione alla città e al distretto di Al-Madeinah (autore, 2015).

Capitolo 4: Metodologia della ricerca

4.1 Piano di ricerca, ipotesi e metodo

L'obiettivo dello studio è comprendere i processi e le conseguenze dei recenti mega-progetti di Amman, evidenziando l'approccio alla sostenibilità sociale e gli effetti socio-economici. A tal fine, lo studio adotta un approccio di ricerca qualitativa che si concentra sulla comprensione del discorso e del contesto in cui questi megaprogetti stanno prevalendo, seguendo l'approccio contestuale di Van Weesep per spiegare la gentrificazione, poiché è il "come" che conta e si svolge in modo diverso nelle diverse regioni geografiche. Pertanto, lo studio esamina le forze economiche e politiche formali, insieme ai modelli socio-politici informali dominanti, e il loro ruolo nel formulare la produzione e il consumo dell'ambiente urbano costruito di Amman. La ricerca indaga l'ipotesi che mette in relazione la pianificazione urbana neoliberale con il disinteresse per il valore sociale e gli aspetti soggettivi del benessere degli abitanti del luogo, e tende a concentrarsi sull'accumulo di capitale, investendo al solo scopo di guadagnare di più in qualsiasi forma, tipicamente mirando ai gruppi benestanti che ottengono rapidi profitti.

Questo studio è un caso singolo in cui il problema della ricerca viene indagato attraverso l'analisi dell'AURP, un caso di studio perfetto in quanto si tratta di uno dei primi PPP (partenariati pubblico-privati) di Mawared e del più grande progetto di sviluppo immobiliare della città finora, situato nel cuore della città in un contesto urbano relativamente povero.

Essendo la gentrificazione il processo principale del caso di studio e lo spostamento il suo strumento principale, la tesi analizza gli effetti con riferimento e adattamento alle forme di spostamento di Peter Marcuse (vedi Capitolo 2.2). Analizzando l'intero impatto dello spostamento attraverso i cambiamenti economici, fisici, individuali e di quartiere (Marcuse, 1985), lo studio concluderà una comprensione approfondita del processo e dell'influenza della gentrificazione nel nome dell'AURP. Mentre l'approccio di Marcuse alla misurazione dello sfollamento utilizza una scala più limitata, concentrandosi sulle unità residenziali, questo lavoro adotta una portata più ampia e comprensiva dell'impatto, mirando agli impatti sociali intangibili riguardanti l'immagine e lo stile di vita della città.

A tal fine, è stata impiegata una combinazione di metodi che comprendono l'analisi di materiali testuali e visivi storici e contemporanei, visite in loco, interviste con studiosi di urbanistica e professionisti legati al progetto, nonché interviste con il pubblico influenzato. Sono state condotte sette interviste semi-strutturate approfondite e alcune brevi. Le interviste semistrutturate migliorano l'atmosfera della comunicazione, permettendo all'intervistatore di adattare le domande alla situazione e all'intervistato di sentirsi più a suo agio nell'esprimersi. I sette intervistati principali sono presentati nel seguente sottocapitolo.

4.2 Intervistati

- Dr. Yasser Rajjal: professionista nel campo dell'Urban Design ed ex preside della Scuola di Architettura e Ambiente Costruito dell'Università Germanica Giordana di Amman, attualmente assistente del Presidente per la Comunicazione e le Pubbliche Relazioni. È stato direttore del Dipartimento di Studi Urbani di Mawared, dove ha partecipato alle prime fasi dell'AURP. Il dipartimento era responsabile del programma e dei requisiti dello sviluppo e del follow-up del masterplan con gli sviluppatori. L'esperienza del dottor Yasser RajjaT come urbanista e il suo coinvolgimento nel progetto hanno fornito un quadro rigido e un punto di riferimento per la tesi.

- Prof. Frank Eckardt: professore di sociologia urbana presso l'Istituto per gli studi urbani europei dell'Università Bauhaus di Weimar, in Germania. Ha conseguito un dottorato di ricerca in Scienze politiche e ha un grande interesse e lavoro sulle sfide sociali e culturali dell'urbanistica e dello sviluppo. Ha visitato il luogo del caso di studio della tesi nel 2014 per un workshop di un progetto chiamato "Minoranze urbane" che ha visto la collaborazione dell'Università Bauhaus di Weimar con diverse altre università del Medio Oriente. Essendo un esperto di gentrification, il suo contributo e la sua prospettiva sono stati di grande utilità per questo lavoro.

- Arch. Laith Al-Adwan: architetto praticante in uno studio di consulenza architettonica e ingegneristica multidisciplinare all'avanguardia che ha lavorato a diversi edifici dell'AURP. L'arch. Laith Al-Adwan era anche un ex residente del quartiere residenziale sfollato dove ora sorge il nuovo complesso. È cresciuto e ha vissuto con la sua famiglia in questa casa per circa vent'anni e sono stati tra gli ultimi a lasciare l'area, permettendo loro di assistere alla maggior parte del processo di sfollamento. Arch. L'esperienza di Laith come architetto, insieme alla sua storia e al suo rapporto personale con il sito, hanno contribuito a sostenere questo lavoro.

- Hasan: un signore la cui famiglia ha dovuto affrontare il processo di sfollamento del progetto. La casa, in cui ha trascorso l'infanzia e in cui ha risieduto per un quarto di decennio, ha ospitato la sua famiglia dal 1982 al 2003.

- Moath: un giovane adulto che ha vissuto con la sua famiglia dal 1990 al 2006 in una casa costruita dai suoi genitori nello stesso quartiere sfollato.

- Sha'ban: un residente locale che vive nell'area circostante il progetto da oltre 15 anni. Da allora lavora in un ristorante di falafel adiacente al progetto. Il ristorante è uno dei più antichi e uno dei pochi sopravvissuti dell'area prima del progetto, con circa 30 anni di servizio. L'intervista di Sha'ban ha fornito una prospettiva continua sull'area, in quanto non è stato oggetto del processo di spostamento, e ha introdotto il lavoro alle influenze del mercato, spiegando la storia della domanda e dell'attività del ristorante in funzione dello sviluppo del progetto.

- Mohammad: il proprietario di un chiosco del mercato del venerdì originale di Al-Abdali, che si trovava a meno di un chilometro di distanza dal megaprogetto, e del nuovo mercato del venerdì che ora si trova a Ras El-Ain. La spiegazione di Mohammad e il confronto tra i due siti del mercato del venerdì aiutano a dare un'idea più precisa della ristrutturazione urbana che sta dominando la regione di Al-Abdali.

Capitolo 5: Analisi e risultati della ricerca

Questo capitolo presenta i risultati della ricerca evidenziando il processo di sviluppo e le influenze di AURP sul tessuto circostante esistente. I risultati possono essere classificati in due gruppi principali, tangibili e intangibili. I risultati tangibili descrivono i cambiamenti fisici e gli effetti creati, mentre quelli intangibili riguardano il discorso e le trasformazioni sociali indotte dal progetto. Il capitolo inizia descrivendo l'inizio del progetto e rivelando il contesto in cui è stato introdotto, proseguendo con gli effetti diretti e indiretti del processo di gentrificazione.

5.1 Contesto e responsabilità sociale

L'AURP è stato il risultato di un ordine politico e di un'iniziativa reale per trasferire i campi militari situati in aree urbane di primaria importanza per fornire terreni potenzialmente edificabili. L'obiettivo principale era quello di attrarre investimenti internazionali attraverso la promozione del "circuito secondario" dell'ambiente costruito giordano, nella speranza di dare impulso all'economia nazionale.

Le idee e le proposte per il progetto sono state discusse all'inizio degli anni 2000 all'interno di due grandi gruppi di discussione. Il primo gruppo era composto da esperti di urbanistica, principalmente architetti e pianificatori, tra cui importanti professionisti locali come Ja'afar Tuqan, Rasem Badran e FaroukYaghmour. Mentre il secondo gruppo di discussione era composto da sviluppatori locali e internazionali interessati, tra cui i rappresentanti del Saudi Oger Group. Le discussioni hanno riguardato l'applicabilità di tre proposte principali. Una delle opzioni era lo sviluppo di un parco, una sorta di parco centrale che potesse fungere da polmone verde per la regione molto densa, esattamente ciò che manca al centro della città. Mentre le altre due soluzioni consistevano in grandi aree edificate ed edifici monumentali. (Rajjal, comunicazione personale, 2015)

Le riunioni conclusero la difficoltà di limitare un'area così importante all'interno del centro di Amman a soli spazi verdi, anche se il dottor Yasser Rajjal, all'epoca direttore del Dipartimento di Studi Urbani di Mawared, insieme a molti altri studiosi di urbanistica, preferiva personalmente questa opzione verde, poiché la città manca di tali spazi. L'idea stessa di scegliere una soluzione altamente urbanizzata rispetto a una soluzione verde contraddice l'approccio dichiarato da Mawared e persino il suo logo, che ricorda un albero nazionale localmente noto come Butum Tree. Nel suo sito web, la società mette in relazione la propria responsabilità con l'albero affermando che "come l'albero, i progetti di Mawared soddisfano le esigenze delle persone fornendo aree verdi per il relax e le passeggiate. Come l'albero, centro di attrazione, i progetti di Mawared attireranno investitori e visitatori" (Mawared, 2010b). Sembra che in questo caso Mawared abbia dato priorità agli investitori e ai visitatori.

Figura 7: Fotografia aerea del sito nel 2003 che mostra il confine di sviluppo originale in linea continua e il nuovo confine che include la linea tratteggiata. Le proprietà spostate all'epoca erano solo le installazioni mitologiche che si trovavano nel terreno libero visibile all'interno del confine originale (autore, 2015; Google Earth).

Il progetto è stato pubblicizzato sotto forma di gara d'appalto aperta, ma solo pochi sviluppatori hanno manifestato interesse. L'esperienza del promotore in progetti di tale portata era una delle condizioni principali della gara d'appalto, che di conseguenza escludeva tutti i promotori locali. Solo due proposte di masterplan sono state progettate e sviluppate da Laceco e HOK[1] sotto la supervisione del Dipartimento di Studi Urbani di Mawared. In seguito, Saudi Oger, lo sviluppatore responsabile del masterplan di Laceco, ha accettato di firmare l'accordo per il progetto, interrompendo il masterplan di HOK. L'accordo prevedeva la creazione di una partnership 50/50 tra Mawared e Saudi Oger sotto forma di una società chiamata Abdali Investment & Development per lo sviluppo del sito. Il contributo di Mawared alla società era il terreno, mentre Saudi Oger doveva investire una somma di denaro equivalente al valore del terreno. (Rajjal, comunicazione personale, 2015)

La valutazione del terreno del sito per determinare l'investimento di Mawared ha incontrato alcuni

---
[1] Laceco e HOK sono studi multidisciplinari di architettura e consulenza originari rispettivamente del Libano e del Canada.

problemi e segni di corruzione. Nel 2003, il Dipartimento di Studi Urbani ha stimato il terreno offerto per lo sviluppo a un valore di circa 120 milioni di JOD, circa 180 milioni di USD (Rajjal, comunicazione personale, 2015). Tuttavia, l'accordo prevedeva un valore di soli 30 milioni di dollari per i 330.000 m di terreno^2, quindi una stima di circa 90 mila JOD per donum^2 in un periodo in cui un donum a Swefieh (uno dei quartieri alti della città) era compreso tra 800 e 900 mila JOD. La ragione di questo disvalore rimane vaga, ma i problemi e le segnalazioni all'Agenzia anticorruzione sulle prestazioni finanziarie e amministrative del Mawared erano frequenti (Jordan Times, 2010). A un certo punto del progetto, il direttore di Mawared è stato addirittura condannato al carcere.

Altri segni di corruzione hanno prevalso nei piani e nei requisiti dello sviluppo. Le modifiche ai piani nel corso del progetto sono state comuni quando sono emerse opportunità di sviluppo più redditizie. Ad esempio, il perimetro originario del sito offerto nella gara d'appalto per lo sviluppo si è ampliato dopo l'accordo per coprire un totale di 384.000 m2. Il sito originario comprendeva principalmente i terreni di proprietà dello Stato e un quartiere residenziale adiacente. Il nuovo sito ha esteso la portata dell'esproprio per includere l'Al-Quds College, l'Organizzazione Talal Abu-Ghazaleh e altri edifici residenziali e commerciali. (Rajjal, comunicazione personale, 2015)

Inoltre, una delle componenti principali del masterplan è stata dedicata alla comunità locale, come parte della responsabilità aziendale del costruttore verso il settore sociale (il costruttore, in questo senso, è AID, composto sia da Mawared che da Saudi Oger). Il progetto iniziale prevedeva un'università, una piazza civica e una biblioteca. L'università avrebbe dovuto essere l'istituto di istruzione superiore più centrale di Amman e la prima università americana della Giordania. Il terreno per la biblioteca avrebbe dovuto essere un dono ad Amman dedicato all'ex re da Saudi Oger, lasciando la responsabilità dello sviluppo allo Stato. La piazza civica era stata progettata per collegare i tre edifici nazionali adiacenti (la Moschea di Re Abdullah I, il Palazzo di Giustizia e il Palazzo del Parlamento) con la biblioteca proposta, fungendo da fulcro culturale e porta d'accesso al progetto da est. A ovest, c'era anche l'idea di un ponte pedonale con un mercato dell'oro che avrebbe collegato il sito al circostante quartiere di Al-Shmeisani. Nonostante siano stati indetti alcuni concorsi di progettazione per questi progetti, nessuno di questi elementi è stato realizzato e sono stati sostituiti da edifici più commerciali e residenziali. (Rajjal, comunicazione personale, 2015)

Ci si può solo chiedere come elementi così significativi di un piano di sviluppo siano stati semplicemente modificati in un breve periodo di tempo. Argomenti poco chiari hanno giustificato

---

2 Donum, noto anche come donam, è un'unità di superficie comunemente utilizzata nella regione precedentemente occupata dall'Impero Ottomano. All'epoca il termine aveva dimensioni diverse da luogo a luogo. Oggi viene ridefinito in 1000 m2.

le modifiche. Ad esempio, la cancellazione della piazza civica sarebbe stata fatta per evitare di fornire ulteriori spazi pubblici per le manifestazioni in un'epoca di instabilità politica in Medio Oriente (ibidem). A quanto pare, la biblioteca non ha trovato finanziamenti governativi e i costruttori non avevano interesse a investire nella biblioteca stessa (Musa, 2013). Ma ciò che colpisce maggiormente è il ritiro del piano universitario. Si potrebbe immaginare che tale piano sia basato su un'analisi approfondita della domanda di istruzione superiore nella regione. Questo non sembra essere il caso dell'AURP, che ha subito modifiche casuali secondo la volontà dell'azienda, sostituendo le soluzioni favorevoli alla comunità con opzioni più redditizie.

5.2 Spostamento diretto

Nel 2003, tutte le installazioni militari e di sicurezza esistenti nel sito sono state trasferite e molti dei loro edifici sono stati demoliti. Secondo Rajjal, il trasferimento di diversi dipartimenti ha avuto diversi impatti psicologici sulla comunità locale (comunicazione personale, 2015). Ad esempio, la rimozione del Dipartimento di Intelligence Generale dalla regione ha creato una sorta di sollievo e conforto tra i residenti circostanti. Ciò è in parte dovuto alla responsabilità del dipartimento e alla sua gestione di attività illegali e sgradevoli, che non lo mette pienamente in evidenza come luogo di vicinato. D'altra parte, le Forze armate generali giordane godono di una reputazione e di un'immagine positiva; si tratta di un simbolo significativo del nazionalismo e della cultura giordana, con alcuni edifici relativamente antichi che risalgono all'epoca di re Abdullah I.

Lo sviluppo del progetto ha richiesto lo spostamento di altri edifici privati e istituzioni. Entro i limiti del sito esistevano l'Al-Quds College, l'Organizzazione Talal Abu-Ghazaleh (TAG), un intero quartiere residenziale e altri edifici commerciali e residenziali sparsi.

L'Al-Quds College è un'importante università comunitaria privata che offre programmi di diploma professionale in cinque diversi settori. Dalla sua fondazione, nel 1980, si sono diplomati circa 25.000 studenti. Il College ha trasferito il suo campus in un'area ai margini della città, verso l'aeroporto principale, a più di 10 chilometri a sud del sito di Al-Abdali. Ciò ha influito notevolmente sul gran numero di studenti e insegnanti iscritti al Collegio, riorganizzando i loro schemi di trasporto e moltiplicando le spese di viaggio. Il lato positivo della questione è che la compensazione finanziaria offerta dai costruttori al Collegio è stata abbastanza dignitosa, incoraggiando l'Istituto a espandersi nella nuova sede.

L'esproprio dell'OrganizzazioneTAG è stato un caso interessante. L'organizzazione si è rifiutata di trasferirsi e di piegarsi al potere egemonico dei costruttori. Il GAM ha interferito rivendicando altri piani per questa proprietà in nome del bene pubblico. Di conseguenza, il GAM è riuscito a espropriare la proprietà, ma ha poi venduto il terreno all'AID consentendole di portare avanti i suoi piani. L'Organizzazione TAG ha fatto causa al GAM, protestando contro l'integrità della procedura di esproprio. Tuttavia, l'Organizzazione ha perso la causa ed è stata anche risarcita di un valore finanziario relativamente basso rispetto al potenziale e alle caratteristiche del terreno. (Rajjal, comunicazione personale, 2015)

Le vere vittime del processo di dislocazione sono stati gli ex residenti del sito. L'area ospitava un quartiere residenziale relativamente piccolo, composto da meno di 30 unità abitative. La maggior parte degli edifici erano case autocostruite (vedi capitolo 3.2) costruite negli anni '80 (Hasan, comunicazione personale, 2015). L'architetto Laith riferisce il fascino e lo stile degli edifici a quelli presenti a Jabal Al-Weibdeh, uno dei vecchi quartieri di Amman. Si è spinto oltre nel descrivere l'ambientazione del quartiere ricordando il profumo di gelsomino che regnava nel pomeriggio e i barbecue d'estate (comunicazione personale, 2015). Tutti gli ex residenti intervistati hanno concordato sull'atmosfera amichevole del quartiere, elaborando il grado di familiarità tra gli abitanti del luogo descrivendo come anche le visite esterne fossero percepite dagli altri (comunicazione personale, 2015).

Tutti e tre gli intervistati sfollati hanno trascorso la loro infanzia in questo specifico quartiere e sono stati tristi di andarsene, affermando che se non fosse stato per il progetto loro e le loro famiglie non avrebbero lasciato le loro case (comunicazione personale, 2015). Gli intervistati non erano soddisfatti del processo di spostamento e del fatto che i costruttori non avessero incluso i residenti del quartiere nei loro piani di sviluppo, né si fossero rivolti personalmente a loro, cosa considerata irrispettosa. È stato il Comune ad agire per conto dei costruttori, comunicando con i residenti, informandoli dei nuovi piani di Abdali e negoziando il valore della compensazione. Le trattative non sono sempre state così facili. Nella maggior parte dei casi, l'importo offerto era molto inferiore a quello richiesto, secondo le stime immobiliari. Hasan ricorda addirittura una situazione in cui il GAM ha minacciato una famiglia inflessibile di espropriarla se non avesse collaborato (ibidem).

I residenti non avevano scelta, lo sfollamento era inevitabile. Se non avessero venduto, il GAM avrebbe espropriato le loro proprietà (Rajjal, comunicazione personale, 2015), proprio come nel caso della TAG Organization. Se questa organizzazione di spicco non fosse riuscita a mantenere la sua proprietà, i residenti della classe media e bassa non avrebbero avuto alcuna possibilità di resistere ai piani dei costruttori. Il processo di spostamento esercitato in questo caso è la definizione stessa di "spostamento forzato", la forma più estrema di spostamento (Marcuse, 1985).

Lo sfollamento del quartiere non è avvenuto da un giorno all'altro: i residenti si sono trasferiti gradualmente nel corso di alcuni anni. Ciò ha esercitato una "pressione di sfollamento" sulle famiglie rimaste, che hanno assistito alla partenza dei loro vicini. La pressione in questo caso è stata estrema, poiché il GAM ha immediatamente demolito ogni edificio espropriato. L'architetto Laith è stato tra gli ultimi ad abbandonare il quartiere, assistendo così alla distruzione totale e alla rovina del suo quartiere d'infanzia. "Alla fine mi sono sentito come in un contesto di guerra, come se la zona fosse stata bombardata. Metallo e polvere ovunque per terra, un caos totale" (Laith, comunicazione personale tradotta dall'autore, 2015).

La maggior parte dei residenti si è trasferita in luoghi lontani dal centro della città (comunicazione personale, 2015). Ciò è dovuto al risarcimento sconsiderato alle famiglie in un periodo di tempo che ha visto un rapido aumento della domanda e dei prezzi degli immobili, come conseguenza della guerra in Iraq del 2003. Pertanto, le opzioni e i luoghi di residenza sono stati ristretti agli sfollati, evidenziando località lontane dove ci si può permettere proprietà più spaziose risparmiando comunque qualcosa. Altri hanno avuto la fortuna di acquistare una nuova casa prima dell'aumento dei valori immobiliari, come reazione alle voci sul progetto, consentendo loro di beneficiare maggiormente del risarcimento, come nel caso della famiglia di Hasan. Ma, come la maggioranza, Hasan preferisce la posizione della sua casa di Abdali, affermando che "era più vicina a tutto. Era più vicina al posto di lavoro del mio defunto padre, a quello di mia madre, alle nostre scuole". Abdali era nel cuore della città. Vicino ad Al-Hus- sein, Al-Shmeisani, Jabal Amman, Jabal Al-Weibdeh e alle zone più attive della città" (comunicazione personale tradotto dall'autore, 2015).

Tutti i residenti avevano la loro parte di ricordi in quel quartiere, ricordi che ora non sono altro che immagini mentali e storie che non hanno alcuna relazione con il nuovo ambiente fisico. La loro lunga e storica relazione con l'area è semplicemente svanita. Inoltre, nessuno degli ex residenti intervistati ha mai visitato il sito dopo il loro trasferimento e ha risposto con un "no grazie" quando gli è stato chiesto se avrebbero preso in considerazione un'offerta per vivere nel nuovo complesso (comunicazione personale, 2015). Indipendentemente dal valore della compensazione finanziaria, il costo della compensazione sociale non potrà mai essere coperto:

L'espulsione dal quartiere in cui ci si sentiva a casa può essere dirompente per il significato della vita quasi quanto la perdita di una relazione cruciale. Lo spossessamento minaccia l'intera struttura di legami attraverso i quali si incarnano gli scopi, perché questi legami non possono essere facilmente ristabiliti in un ambiente estraneo (Marris, 1986: 57).

Tuttavia, lo spostamento non si limitava solo alle persone e agli edifici, ma comprendeva anche gli alberi. Quasi 750 alberi situati intorno al Quartier Generale delle Forze Armate Giordane sono stati richiesti per essere rimossi al fine di implementare i progetti della seconda fase dello sviluppo. Nonostante la resistenza del Ministero dell'Agricoltura, il Gabinetto ha autorizzato lo spostamento, ma di soli 541 alberi invece del totale richiesto, a condizione che l'AID pianti cinque alberi in cambio di ogni albero sradicato su un terreno a Mafraq (Namrouqa, 2012). Così i vecchi alberi esistenti, che avevano fino a 90 anni, sono stati semplicemente sradicati e nuovi alberi sono stati piantati al loro posto in un altro governatorato a decine di chilometri di distanza da Amman. Purtroppo, questa soluzione non ha fatto altro che aggravare il problema degli spazi verdi all'interno della città e ha enfatizzato il potere dei costruttori rispetto allo Stato.

Figura 8: Mappa del quartiere residenziale realizzata da uno degli ex residenti. La mappa include i nomi dei vicini e delle strutture circostanti. Disegnata quasi un decennio dopo, la mappa esprime l'atmosfera, la relazione e il significato del sito per i suoi ex residenti (Ghaith Al-Adwan, 2015).

5.3 Spostamento indiretto

L'influenza dello sfollamento non si limita solo a coloro che si trovano effettivamente all'interno dell'area sfollata (Marcuse, 1985). Anche l'ambiente circostante può essere colpito. Tali effetti sono risultati indiretti, effetti collaterali all'azione originale dello spostamento. Questo capitolo procede da qui in poi con la descrizione dello spostamento indiretto causato dal progetto di sviluppo.

5.3.1 Pressione di spostamento

Le installazioni militari e di sicurezza presenti nell'ex sito impiegavano migliaia di lavoratori da cui dipendevano numerose attività commerciali circostanti, soprattutto ristoranti e caffè. Dopo il trasferimento delle installazioni, molte imprese non potevano permettersi questa enorme diminuzione della domanda, parallelamente a un aumento degli affitti (Sha'ban, comunicazione personale, 2015). Di conseguenza, il quartiere ha visto la chiusura di molti locali che davano alla zona il suo fascino e il suo carattere. Tra i pochi ristoranti sopravvissuti c'è il famoso ristorante Zahrat Lebnan (il Fiore del Libano) che è in attività da circa 30 anni e vive della sua reputazione. L'attività è stata notevolmente colpita dalle trasformazioni della regione, che hanno incluso lo spostamento delle installazioni, del mercato del venerdì e del terminal degli autobus (ibidem). Sha'ban, un abitante della zona che vive e lavora a Zahrat Lebnan da più di 15 anni, spiega che l'attività del ristorante ha raggiunto il massimo durante i rapidi anni di sviluppo del progetto, con l'arrivo temporaneo di un grande gruppo di lavoratori edili nel sito (comunicazione personale, 2015).

In seguito all'emergere di questo sviluppo elitario, il valore immobiliare dell'area circostante è aumentato (Rajjal, comunicazione personale, 2015). Il giudizio su questo aumento è un significante vuoto, dipende da chi lo riempie di significato. Può essere considerato positivo dai proprietari immobiliari originari e negativo dagli affittuari e dai gruppi interessati. Tuttavia, non c'è dubbio che questo aumento abbia provocato uno spostamento. Il "rent gap", cioè la differenza tra il canone di locazione potenziale dell'area e quello effettivo, ha attirato investimenti da parte di soggetti interni ed esterni. In questo modo, i proprietari originari vengono spostati vendendo la loro proprietà, o spostano gli affittuari che la occupano aumentando i prezzi. Questo porta a una perpetua gentrificazione.

Inoltre, c'è la pressione psicologica dello sfollamento. Quando gli abitanti del luogo assistono allo sfollamento dei loro amici e vicini, alla liquidazione dei loro ristoranti e negozi di fiducia, al trasferimento del mercato circostante e degli snodi del trasporto pubblico (Marcuse, 1985), perdono il rapporto con il luogo. "Non sento più che il quartiere è nostro", afferma Sha'ban, aggiungendo che "le persone che visitano l'area ora sono di classe molto alta, a differenza del contesto" (comunicazione personale tradotta dall'autore, 2015). I residenti sono incoraggiati ad andarsene a causa dei drammatici cambiamenti del loro ambiente e per paura dell'aumento dei prezzi. La pressione dello sfollamento diventa più forte con l'afflusso di nuove famiglie benestanti e l'apertura di negozi e ristoranti che si rivolgono alla nuova clientela (Marcuse, 1985). Nel caso di Al-Abdali, un gran numero di nuove attività commerciali ha invaso l'area. Imprese con contratti di affitto che sono minimo il triplo di quelli vecchi esistenti, che sono anche aumentati (Sha'ban, comunicazione personale, 2015).

Figura 9: Pressione di spostamento sugli edifici circostanti originari. La pressione si amplifica con l'emergere degli alti edifici monumentali dell'AURP (autore, 2015).

Figura 10: Immobili messi in vendita nel contesto dell'AURP (autore, 2015).

Figura 11: Negozi in vendita adiacenti alla "New Downtown". Si noti il riflesso di un edificio AURP nell'immagine in basso (autore, 2015).

Figura 12: Nuove costruzioni e ricostruzioni nel contesto di AURP (autore, 2015).

Figura 13: Nuovi negozi e ristoranti di alto livello occupano l'area (autore, 2015).

5.3.2 Sfollamento escludente

Mentre i locali preesistenti sono costretti ad andarsene, i nuovi arrivati vengono filtrati. Il principale elemento di filtraggio è rappresentato dai prezzi, dai nuovi valori elevati di affitti, proprietà, beni e servizi , provocati dal processo di gentrificazione. Tutti questi cambiamenti impediscono alle famiglie di status sociale simile a quello degli sfollati di trasferirsi, escludendole e riducendo le loro scelte di vita all'interno della città. Per dare un'idea dell'enorme trasformazione dei prezzi del quartiere, Sha'ban cita l'affitto mensile di mille JOD di un nuovo negozio adiacente di 24 m², una cifra enorme rispetto alla media di 200/250 JOD dei vecchi contratti di affitto (comunicazione personale, 2015). Questo divario dimostra la natura degli spazi commerciali prevalenti nell'area.

Per quanto riguarda il progetto stesso, esso non consente l'insediamento di qualsiasi gruppo sociale. Nei grattacieli, un metro quadro residenziale costa circa 2500 JOD (Rajjal, comunicazione personale, 2015; Laith, comunicazione personale, 2015; funzionario DAMAC, comunicazione personale, 2015). Quando il progetto stava nascendo, nessun altro immobile ad Amman si avvicinava a questa cifra[3]. Oggi si possono trovare appartamenti che costano più di 200 mila JOD in quartieri ricchi di Amman come Abdoun, ma sono più spaziosi di quelli offerti da AURP per lo stesso prezzo[4]. Questi prezzi sembrano anche sorprendenti se si considera il salario medio in Giordania, stimato in 5200 JOD, e la statistica secondo cui circa il 50% dei dipendenti riceve un salario nell'ordine di 300 JOD (Dipartimento di Statistica, 2013).

Monolocali, appartamenti con una, due e tre camere da letto e una selezione di attici saranno offerti come spazi residenziali nel nuovo complesso. Per promuovere le proprietà di AURP sono stati offerti anche premi e ricompense. DAMAC Properties, uno dei promotori immobiliari di AURP, ha pubblicizzato il diritto a un'automobile Jaguar nuova di zecca per i primi 25 acquirenti di appartamenti con tre camere da letto nelle loro proprietà (Al-Bawaba, 2006). Altre promozioni includevano persino un jet privato (Rajjal, comunicazione personale, 2015; Laith, comunicazione personale, 2015).

È evidente, attraverso le promozioni e i prezzi del progetto, che esso si rivolge alla classe elitaria delle società, escludendo così la maggioranza dei giordani. Secondo un funzionario di DAMAC Properties, le unità residenziali disponibili a The Heights sono già limitate e mancano ancora alcuni anni alla sua apertura[5] (comunicazione personale, 2015). The Heights, una delle proprietà in via di

---

[3] Per avere un'idea delle medie dei prezzi degli immobili ad Amman nel 2007, si veda la Tabella 3 in Appendice. La tabella mostra che il prezzo medio più alto per metro quadrato si è registrato nella regione di Khalda, con un valore di 374 JOD per gli spazi residenziali e 977,78 JOD per quelli commerciali. Per quanto riguarda il distretto di Al-Abdali, la media ha raggiunto 272,50 e 507,50 JOD rispettivamente per gli spazi residenziali e commerciali (escluso il megaprogetto).
[4] Dichiarazione basata su un confronto delle medie dei prezzi immobiliari tra Abdoun e la proprietà di DAMAC The Heights at AURP. I monolocali e gli appartamenti singoli ai primi piani del grattacielo, con una superficie di circa 90 m2, sono stati offerti a un prezzo di 200 mila JOD. I prezzi aumentano con l'altezza del piano. D'altra parte, con un prezzo simile si potrebbe acquistare un appartamento di dimensioni e numero di camere da letto almeno doppie ad Abdoun. Escludendo ovviamente i servizi di lusso. Confronto basato su dati raccolti nel 2015 dal sito web "Abdoun Real Estate" e su una comunicazione personale con un funzionario DAMAC.
[5] La dichiarazione deve essere trattata con cautela in quanto si basa esclusivamente sul racconto di un dipendente di DAMAC che potrebbe modificare le informazioni a vantaggio dell'immagine e della proprietà dell'azienda che rappresenta.

sviluppo di DAMAC ad AURP, offre più di 200 unità residenziali con tecnologie e servizi all'avanguardia. La fonte si spinge oltre nella descrizione dei venditori affermando che "persone provenienti da Giordania, Dubai, Kuwait, Arabia Saudita, Londra e altri che hanno attività commerciali in Giordania hanno investito nella nostra proprietà di prima classe" (ibidem). Di conseguenza, è lecito supporre che l'intero AURP, che offre variazioni di proprietà all'interno della stessa gamma di prezzi, sia destinato a servire **uomini d'affari e jet-setter internazionali**[6] che **provengono principalmente dagli Stati del Golfo**. Questa nuova razza di "super-gentrifiers" (Butler & Lees, 2006) è un gruppo qualitativamente estraneo alla comunità locale, che possiede un tenore di vita molto elevato che consente loro di acquistare proprietà troppo costose e di godere di costose attività ricreative all'AURP.

Anche il progetto stesso dello sviluppo era escludente. I piani di sviluppo originali enfatizzavano la connessione del sito con l'ambiente circostante attraverso una piazza civica, una biblioteca e un ponte pedonale a tema mercatale. La cancellazione di tutti questi elementi di connessione ha dato vita a un'"isola isolata" (Yasser, comunicazione personale, 2015). Così ora il progetto termina bruscamente con grattacieli ed edifici moderni che contrastano con il contesto e con una recinzione di alberi allineati che separano lo sviluppo dai suoi dintorni, contribuendo all'isolamento.

Inoltre, il Boulevard[7] è stato testimone dell'emissione di un biglietto d'ingresso al suo presunto spazio pubblico presso l'AURP (Rajjal, comunicazione personale, 2015; Laith, comunicazione personale, 2015). Questo atto esclude automaticamente coloro che non possono permettersi costi così elevati per il tempo libero. Lo spazio pubblico sembra scomparire con la pianificazione neoliberale, gli spazi diventano semi- o completamente privatizzati (Harvey, 2011). Fortunatamente, la decisione non è durata a lungo dopo una forte opposizione da parte degli attivisti. Tuttavia, la tipica esclusione di genere è inevitabile. Non solo il Boulevard è dotato di un sistema di sicurezza pesante, con un gran numero di telecamere e sensori di sicurezza, ma è anche molto selettivo nel modo in cui sceglie la sua clientela. I punti di accesso sono occupati da guardie di sicurezza che hanno il via libera per rifiutare l'ingresso a quelli che ritengono essere gruppi non graditi, in genere giovani maschi giordani[8]. I giovani maschi di Amman sono spesso accusati di preoccuparsi della sicurezza e del comfort, soprattutto delle donne, e sono spesso esclusi da questi spazi consumistici recintati come i centri commerciali.

---

6 Un jet-setter è un membro di un gruppo sociale elevato che gode di una vita glamour fatta di frequenti viaggi.
7 Il Boulevard è un asse pedonale lungo 370 metri, racchiuso da una dozzina di edifici a uso misto che offrono spazi commerciali e ricreativi di alto livello.
8 All'autore stesso è stato rifiutato l'ingresso al Boulevard durante una visita in loco nel 2015.

Figura 14: Spazi commerciali di lusso sul viale di AURP (autore, 2015).

Figura 15: Eccezionale sicurezza nei punti di ingresso e negli spazi del viale di AURP (autore, 2015).

5.3.3 Immagine e discorso

Gli sviluppatori hanno compiuto uno sforzo supplementare per promuovere il progetto. Inizialmente pubblicizzato come il "Nuovo centro di Amman", lo slogan mirava a sottolineare l'importanza dello sviluppo e la sua centralità, nella speranza di suscitare maggiore interesse e consapevolezza. Ma lo slogan ha ricevuto più attenzione del previsto. Molte voci pubbliche si sono opposte all'idea di avere una nuova città e hanno affermato quella originale. In seguito, le pubblicità e le newsletter dell'AURP hanno iniziato a riferirsi allo sviluppo come al distretto commerciale centrale.

Ad Amman, la pubblicità del progetto era diffusa in molte forme, da enormi cartelloni pubblicitari[9] ad articoli di giornale. Le pubblicità presentavano le strutture disponibili nel complesso come spettacolari requisiti di alto livello per raggiungere l'elevato status sociale reificato, uno status che veniva anche enfatizzato e messo in evidenza nella contemplazione dei residenti. La retorica delle promozioni prometteva uno stile di vita esclusivo e lussuoso all'interno di un ambiente controllato nel cuore della città. Slogan come "Il business che fa per te", "Le esperienze che desideri" e "Lo stile di vita a cui aspiri" dominavano i titoli delle pubblicità dell'AURP (AID, 2010). L'intenzione è piuttosto chiara e ovvia, come affermato dall'amministratore delegato dell'Abdali Boulevard nella newsletter dell'AID (2011): "Il Boulevard non cambierà solo uno o due aspetti della vita di Ammani. Cambierà l'intero stile di vita, che si tratti di affari, intrattenimento, shopping, salute o gastronomia, per diventare un centro verso cui giordani e turisti gravitano". Il discorso del progetto mira a indurre gli Ammanesi al consumo e a una "società dello spettacolo", incoraggiando lo stile di vita di una minoranza in Giordania, uno stile di vita che interessa ad AID perché in grado di produrre maggiori profitti.

Inoltre, AID si è preoccupata molto dell'immagine moderna del progetto, che si ritiene possa rafforzare la competitività e l'attrattiva dello sviluppo su più livelli. L'immagine è stata ispirata da altri centri moderni di varie città globali, dove gli edifici monumentali brillano per i materiali di finitura prevalenti e le qualità tettoniche all'avanguardia, oltre che per la loro reputazione e l'associazione con architetti di spicco.

Per ottenere questa immagine, gli sviluppatori hanno incaricato Laceco di progettare il masterplan del complesso. Laceco è uno studio di architettura e consulenza che opera a livello internazionale e ha sede a Beirut, in Libano. In precedenza, lo stesso studio ha partecipato al processo di pianificazione di uno dei più grandi sviluppi di Beirut, il Beirut Central District. Il progetto mirava a ricostruire e sviluppare un'area devastata nel centro della città che aveva subito la guerra civile libanese. Sviluppati dagli stessi progettisti e anche dallo stesso investitore principale (Rafic Hariri), i

---

9 C'era persino "la più grande insegna esterna del Levante" affissa su una delle facciate di un edificio in Al-Madina Street, nella parte occidentale di Amman; il cartellone è stato "utilizzato per mostrare la grandezza e l'imponenza del progetto" (AID, 2010).

due progetti

Figura 16: La retorica prevalente negli spazi interni e circostanti lo sviluppo (autore, 2015).

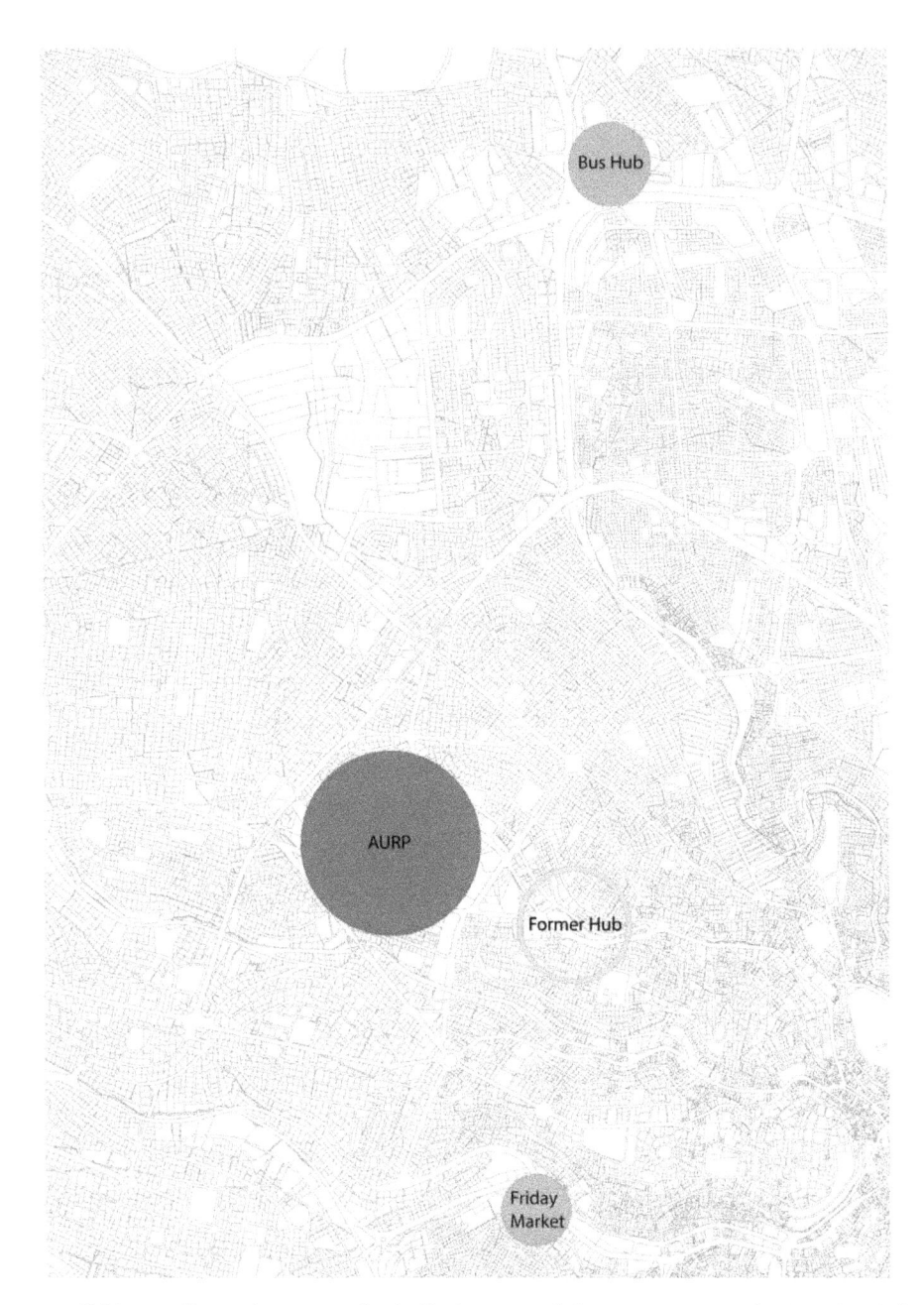

condividono un'immagine e uno stile simili, che presumibilmente porteranno le rispettive città sul mercato globale. Con la globalizzazione e la pianificazione neoliberale, le città iniziano a somigliarsi e a perdere la loro identità originale.

Nei suoi progetti per AURP, Laceco ha introdotto sette grattacieli insieme ad altri edifici alti. Gli edifici alti sono diventati segni essenziali di modernità in tutto il mondo, soprattutto perché associati ai Paesi sviluppati. Nonostante le norme e le condizioni originarie per lo sviluppo di grattacieli ad Amman, i costruttori sono riusciti facilmente a influenzare il GAM per legittimare gli edifici alti all'interno del sito, al fine di perseguire i loro piani (Rajjal, comunicazione personale, 2015; Musa, 2013). Nell'ambito dell'AURP, gli edifici bassi sono stati sostituiti da quelli alti, cambiando così il carattere e l'immagine del quartiere.

Su scala più ampia, il progetto ha influenzato anche l'immagine della regione. L'AURP ha incoraggiato lo Stato a catturare il "divario di affitto" ampliato nel suo quartiere. Così facendo, si incoraggiano i processi di riqualificazione "disciplinando" le popolazioni indesiderate, in modo che l'immagine della città, cruciale nella competizione per gli investimenti, non sia "compromessa dalla presenza visibile di questi gruppi emarginati" (MacLeod, 2002: 602). Al-Abdali comprende una serie di "aree tascabili di potenziale gentrificazione" (Marcuse, 1985: 204), aree primarie per lo sviluppo, come l'area adiacente all'ex hub dei trasporti di Abdali, che ospitava anche il mercato del venerdì.

Il trasferimento del terminal degli autobus nel 2007, che si trovava a meno di un chilometro di distanza dal sito di sviluppo, ha avuto un grande impatto sulla regione. Prima dell'assegnazione dell'area come "New Downtown", Al-Abdali era il principale snodo del trasporto pubblico[10] a nord. Questo nodo è stato trasferito a Tabarbour, nella periferia nord della città, secondo i piani di riqualificazione dell'area. Sono state presentate delle proposte, ma nessuna è stata avviata (Rajjal, comunicazione personale, 2015). Ciononostante, la dislocazione ha avuto un'influenza notevole sui pendolari[11] e sui servizi che dipendono dal terminal degli autobus di Al-Abdali. L'area circostante l'hub era piena di garage e negozi di assistenza auto non professionali che hanno perso la loro attività con il trasferimento.

Il mercato del venerdì[12] ha sfruttato questo trasferimento e l'assenza di rigenerazione espandendo a circa 1300 chioschi nel corso degli anni. Alla fine del 2014 si è assistito al tanto atteso trasferimento del mercato di Al-Abdali. Il processo non è andato liscio, poiché è stato osteggiato dai venditori e dagli utenti che sostengono che migliaia di famiglie fanno affidamento su questo mercato essenziale

---

10 Il trasporto pubblico in Giordania è limitato ai servizi automobilistici, che comprendono autobus, taxi e taxi condivisi.
11 Ad Amman, il possesso di un'automobile è comune e preferibile. I pendolari che dipendono dal trasporto pubblico sono quelli di basso status sociale che non possono permettersi le spese di un'automobile. Gli intervistati sfollati utilizzavano spesso il terminal degli autobus, ma non ne erano completamente dipendenti, quindi non facevano parte di questo gruppo sociale (comunicazione personale, 2015).
12 Il mercato del venerdì è un mercato locale settimanale all'aperto che si tiene nei fine settimana e che è stato una componente importante di Al-Ab- dali per un lungo periodo di tempo.
Figura 17: Le nuove ubicazioni del Bus Terminal e del Mercato del Venerdì in relazione all'AURP (autore, 2015).

(Mohammad, comunicazione personale, 2015). Alcuni venditori hanno semplicemente rifiutato l'ordine di evacuazione e hanno continuato a gestire i loro chioschi per settimane dopo l'ultimo giorno di apertura del mercato. Alla fine, lo sgombero è stato forzato dalla polizia che ha disperso i manifestanti e ha preso possesso del sito (ibidem).

Il mercato è stato trasferito senza alcuna chiara giustificazione (ibidem) nel sito dell'ex fabbrica di sigari di Ras El-Ain, anch'esso situato nel centro della città ma più distante dall'AURP. Il nuovo sito, di dimensioni limitate, non ha potuto ospitare tutti gli ex venditori, in quanto offre solo 400 posti per i chioschi. Inoltre, gli spazi sono diventati in affitto, a differenza del caso informale di Al-Abdali. Quasi tutte le attività commerciali sono state degradate nel nuovo sito. L'introduzione degli affitti ha portato a un aumento dei prezzi delle merci, che a sua volta ha sminuito la caratteristica principale del mercato, ossia i prezzi ridotti. La nuova sede è stata anche considerata da molti inadeguata e scoraggiante, in quanto priva di parcheggi e di accessibilità pedonale (Mohammad, comunicazione personale, 2015).

In sintesi, il quartiere è stato ripulito dai gruppi "impresentabili" e dai loro centri di aggregazione. Il terminal degli autobus e il mercato del venerdì sono stati semplicemente trasferiti dopo decenni di attività ad Al-Abdali. La dislocazione ha escluso le strutture e gli utenti preesistenti dal quartiere di AURP. Nel fare ciò, si è prestata poca attenzione ai gruppi interessati. Sembra che lo Stato si sia occupato di "abbellire" il centro della città e la sua immagine, nella speranza di creare maggiori opportunità di investimento, a spese della popolazione locale.

Figura 18: Il sito dell'ex Terminal degli autobus il venerdì, giorno più vivace per via del mercato.

L'immagine in basso mostra la chiusura di alcuni garage adiacenti a seguito di una diminuzione dell'attività (autore, 2015).

Figura 19, in alto: Il vecchio sito del Mercato del Venerdì (Jordan Times, 2014).

centro: Il nuovo mercato del venerdì, relativamente inattivo (autore, 2015).

in basso: Un graffito emotivo nel nuovo sito del mercato. Una risposta alla scusa dell'"abbellimento" del trasferimento forzato, tradotta in "I nostri mercati… sono puliti attraverso la sua gente" (autore, 2015).

Capitolo 6: Conclusione

6.1 Distruzione creativa

AURP ha avuto un enorme impatto su Amman, avviando un processo di ristrutturazione urbana della città. Considerando la sua posizione storica, la centralità e la scala, il progetto aveva un grande potenziale per brillare nel contesto e nella comunità. Tuttavia, lo sviluppo ha prestato poca attenzione al settore sociale, nonostante le numerose retoriche ufficiali come "Il nostro successo dipenderà dalle relazioni con i nostri partner e la comunità, per questo in ogni aspetto della progettazione, abbiamo pensato ai modi migliori per rispondere alle esigenze di Amman, tenendo in considerazione gli aspetti sociali e ambientali dello sviluppo della città" (Barbir, 2012) e "Abdali Psc ha reso prioritario contribuire alle esigenze di Amman e tenere in considerazione gli aspetti sociali e ambientali del suo sviluppo" (AID, 2008). L'azienda ha avviato un programma sociale chiamato "Ru'yatuk" (Mawared, 2010c; AID, 2008), ma le sue attività riguardano per lo più gruppi target esterni. Un esempio è il programma "Najah", che si concentra sui gruppi giovanili svantaggiati di Al-Jiza, un distretto che si trova a più di 30 km a sud del centro della città (ibidem).

Gli sviluppatori dell'AURP non hanno tenuto conto dell'opinione dei cittadini preesistenti all'interno e intorno al sito su come l'area dovrebbe essere sviluppata o su come il progetto li influenzerà. I piani sono stati finalizzati addirittura prima di acquisire la proprietà privata del sito. Lo sviluppo ha introdotto strutture e servizi di alto livello che non rispecchiano le esigenze, le capacità o lo stile di vita della popolazione locale. Sono stati piuttosto importati da Paesi più sviluppati e con modelli di consumo elevati.

Harvey sostiene che l'urbanizzazione "ha svolto un ruolo cruciale nell'assorbimento delle eccedenze di capitale e lo ha fatto su scale geografiche sempre più ampie, ma al prezzo di crescenti processi di distruzione creativa che comportano l'espropriazione delle masse urbane di qualsiasi diritto alla città" (2012: 22). Questi processi sono tipicamente associati alla classe sociale, in quanto a essere colpiti sono soprattutto "i poveri, i diseredati e gli emarginati dal potere politico" (Harvey, 2012: 16). Ad Al-Abdali, la distruzione creativa ha preso di mira importanti installazioni militari e di sicurezza, istituzioni educative, strutture commerciali, edifici residenziali[13] e persino un gran numero di alberi secolari. I componenti sono stati spostati con la forza, una forza reale, a differenza degli effetti impersonali delle "tendenze del mercato" (Marcuse, 1985). Anche il terminal degli autobus circostante e il mercato del venerdì sono stati vittime del processo. A prescindere dall'intenzione

---

13 È importante menzionare che nessuno degli intervistati sfollati ha visitato l'AURP più di una volta da quando si sono trasferiti, cioè da circa un decennio (comunicazione personale, 2015).

genuina che sta dietro ai trasferimenti, sembra esserci un chiaro piano per "abbellire" il quartiere del complesso attraverso lo spostamento di gruppi "indisciplinati".

"New Downtown for Amman", lo slogan originale del progetto, descrive bene il rischio e l'effetto che avrà sulla struttura della città. Con il centro storico a meno di due chilometri di distanza, il nuovo sviluppo competerà e forse attirerà più utenti grazie alla sua retorica glamour e alla sua architettura scintillante. Se si considerano le funzioni proposte, un parco informatico, un centro di turismo medico, strutture per l'istruzione superiore e spazi residenziali commerciali di alto livello, lo sviluppo emarginerà sicuramente gli utenti del vecchio centro, che non possono permettersi di beneficiare di questi servizi e si renderanno presto conto di non farne parte.

6.2 La gentrificazione ad Amman

Lo studio del caso di AURP, il più grande sviluppo immobiliare di Amman, ha dimostrato che le forze trainanti, i processi e gli impatti della trasformazione urbana della città sono molto simili a quelli che dominano le teorie globali dell'ambiente urbano costruito. La gentrificazione è un sottoprodotto dell'urbanizzazione di alta classe nella densissima Amman. Il processo sembra invertire la vecchia tendenza degli insediamenti, in cui la classe alta risiedeva lontano dai luoghi centrali della città. Mentre questa classe si sta "riprendendo" il centro della città, i poveri vengono spinti fuori dall'area dalle forze normative e di mercato. La gentrificazione ha provocato lo spostamento e l'esclusione dei gruppi originari della classe media e bassa, insieme ai loro centri e servizi.

Tuttavia, la gentrificazione ad Al-Abdali non è solo un "rimescolamento spaziale" delle popolazioni esistenti all'interno della città (Marcuse, 1985), ma piuttosto un afflusso di ulteriori gruppi benestanti dalla regione, poiché la maggior parte della popolazione locale non può permettersi le strutture e i servizi offerti da all'AURP. La continua instabilità di molti Paesi del Medio Oriente e la disponibilità di spazi di alto livello ad Al-Abdali ha evidenziato come il centro di Amman sia un rifugio sicuro per residenti e imprese benestanti provenienti da tutta la regione. È lecito supporre che la maggior parte degli spazi di AURP sarà occupata da uomini d'affari benestanti, molti dei quali provenienti dagli Stati del Golfo, come si evince da una comunicazione con un funzionario di DAMAC. Mentre la gentrificazione normalmente descrive l'arrivo di gruppi della classe media nell'area gentrificata, il caso di Al-Abdali riguarda una classe sociale molto più elevata. Questi "super-gentrifiers" godono di stili di vita molto lussuosi e di modelli di consumo altissimi che consentono loro di possedere più case regionali. Il risultato ad Al-Ab- dali sarà quello di avere abitazioni vuote per la maggior parte dell'anno, come nel caso di Beirut[14] e di molte altre città globali. Di conseguenza, i gentrifiers di Al-Abdali non avranno lo stesso impatto sulla struttura locale come nei casi più diffusi di gentrificazione.

Ad Amman, i meccanismi di sviluppo urbano sono sottomessi all'élite e ai privilegiati economici. Ma a differenza delle economie capitalistiche avanzate, gli sviluppatori non sono completamente separati dal governo. L'AURP, come la maggior parte degli sviluppi di gentrificazione di simile impostazione neoliberale, è stato guidato dal capitale globale e facilitato dal governo, ma è stato anche condiviso dallo Stato. È stata istituita una società d'investimento di proprietà dello Stato (Mawared) non solo per supervisionare lo sviluppo dei siti militari urbani all'interno delle città giordane, ma anche per collaborare con gli sviluppatori sotto forma di PPP. Il direttore di Mawared è l'unico rappresentante del governo in Abdali Psc. (Rajjal, comunicazione personale, 2015). Come può quindi uno stakeholder sopraffatto dal profitto rappresentare e soddisfare le richieste dei cittadini poveri? D'altra parte, perché un investitore privato internazionale dovrebbe interessarsi individualmente alla comunità locale?

6.3 Immobili speculativi

Harvey sostiene che l'assorbimento di capitale ha introdotto "un sacco di folli progetti di urbanizzazione che non hanno assolutamente nulla a che fare con i bisogni reali della massa delle popolazioni", vengono semplicemente sviluppati e poi speculati (2011: 36). A un certo punto, i debiti sono dovuti e qualcuno deve pagare (ibidem). In Al-Abdali, l'emissione dei biglietti d'ingresso allo spazio presumibilmente pubblico di The Boulevard denota questo argomento.

Le funzioni e i servizi proposti ad Al-Abdali sono stati quindi frutto di un'analisi approfondita? Secondo Rajjal, AID ha ingaggiato una società di professionisti per condurre uno studio di mercato, che però non ha prestato molta attenzione alla comunità locale (comunicazione personale, 2015). L'azienda giustifica il suo masterplan descrivendo numeri statistici generali:

Le stime attuali del Dipartimento di Statistica parlano di 5,67 milioni di abitanti, con una crescita prevista del 2,26%. La popolazione giordana è anche relativamente giovane, con un'età media di 20,1 anni nel 2005; questo significa un forte potenziale per il futuro del settore immobiliare, dato che la popolazione giovane invecchia e si sposa, richiedendo una casa propria. Anche il numero di turisti nel Regno è in costante aumento: 21,5% nel 2004, +4,1% nel 2005 e +13% nel 2006. Nel 2006,

---

[14] Per ulteriori informazioni sulla gentrificazione a Beirut si veda "Capital, state and conflict: the various drivers of diverse gentrification processes in Beirut, Lebanon" di Marieke Krijnen e Christiaan De Beukelaer in "Global Gentrifications, Uneven development and displacement" (Lees et al., 2015).

il numero totale di visitatori è stato di 6,57 milioni (di cui 3,35 milioni in giornata e 3,23 milioni con pernottamento). Un numero così elevato ha messo in luce una grave carenza di sistemazioni alberghiere in tutto il Regno. (AID, 2008)

Non è realistico giustificare uno sviluppo così massiccio nel cuore della capitale con le statistiche relative alla demografia e al turismo della nazione. In primo luogo, le cifre in aumento del turismo in Giordania non includono necessariamente Amman. La Giordania ospita Petra, Wadi Rum, il Mar Morto e altri siti unici indipendenti dalla capitale. I costruttori sperano che la "New Downtown" aggiunga Al-Abdali alla mappa turistica della Giordania. Ma allora perché andare a vedere uno sviluppo che esiste in quasi tutte le altre città del mondo (Harvey, 2011)? Il centro storico originale, invece, è una delle principali attrazioni di Amman grazie alla sua storia, all'informalità e all'architettura vernacolare.

In secondo luogo, i pianificatori sembrano aver dato per scontato che l'aumento dell'offerta sarà soddisfatto dalla crescente domanda di alloggi in Giordania. Tuttavia, considerare l'aumento della popolazione senza analizzare la struttura socio-economica del Paese e, soprattutto, della città, sicuramente sfavorirà lo sviluppo. Come dimostra il capitolo 5.3.2, la situazione economica della maggior parte dei giordani non permette loro di beneficiare di strutture e servizi così costosi. Attraverso il discorso del progetto e la retorica di , gli sviluppatori mirano a incoraggiare il tipo di classe media che è certificata per i prestiti a investire nel progetto. Ma contano di più sulla domanda stagionale dei ricchi espatriati e dei turisti dei Paesi del Golfo "che desiderano sfuggire al caldo dei loro Paesi" (AID, 2008). Il 43% dell'area edificata totale del progetto, pari a due milioni di metri quadrati, è destinato a spazi residenziali (Abdali, 2012a). Ci si chiede quindi se questa domanda consistente riuscirà a soddisfare l'enorme offerta.

6.4 La nuova immagine di Amman

Al-Abdali era uno dei quartieri più significativi per i residenti a basso reddito della città. Gli utenti hanno sviluppato significati e relazioni con i suoi edifici, vicoli, strade e marciapiedi, perché è in questi spazi che esistono e interagiscono. Per molti di loro, questi "spazi di eterotopia" sono le uniche opzioni di partecipazione alla città. AURP ha sostituito questo gruppo, accanto ai loro centri informali, con una razza di "super-gentrifiers" che vivono al di sopra della città. L'area è stata trasformata in un'isola consumistica di alto livello, dove le qualità dell'urbanità sono diventate "merci" (Harvey, 2012).

Condividendo lo stesso studio di progettazione e lo stesso sviluppatore, AURP non sarà molto diverso dal Central Business District di Beirut o da qualsiasi altro centro neoliberale. In termini di impatto visivo, il progetto aggiungerà altri sette grattacieli al basso skyline di Amman. Il sito si trova in una zona relativamente alta della città, a circa 900 metri sul livello del mare (Abu-Ghazalah, 2007). Di conseguenza, i grattacieli proposti diventeranno i nuovi punti di riferimento della città, che si eleveranno al di sopra dei minareti e delle cupole originali.

Abdali Psc. ha insistito molto sull'immagine moderna del suo sviluppo, ponendo l'accento sulla sostenibilità, ma solo quella ambientale. Il rispetto degli standard LEED è stato incoraggiato dall'azienda, che ha dedicato un'intera pagina del suo sito web alle iniziative verdi e al supporto. L'eco-branding viene utilizzato come strategia di mercato per attrarre

Figura 20: I nuovi "minareti" di Amman (autore, 2014).

una popolazione più ricca, che indirettamente presenta la retorica dei giordani come cittadini di alta classe rispettosi dell'ambiente.

La promozione dell'immagine si è estesa anche all'ambiente accademico. Nell'ambito del suo ruolo civico, l'azienda ha sostenuto il progetto di laurea di un gruppo di studenti di una delle più importanti università di architettura della Giordania. Il progetto prevedeva la progettazione di grattacieli che rispondessero alle specifiche e ai requisiti della "nuova città" (AID, 2007). Tali iniziative possono influenzare notevolmente la nuova generazione di architetti e produrre un impatto a lungo termine sulla città.

Il "successo" di AURP innescherà altri sviluppi della stessa natura, trasformando gradualmente il carattere e l'identità di Amman. Una città che un tempo era conosciuta per le sue montagne, la sua scala umana e la sua architettura vernacolare, se questa tendenza continuerà, sarà conosciuta per le sue torri e i suoi quartieri commerciali.

6.5 Migliore pianificazione del futuro

Questa tesi richiede un approccio migliore e più sensibile alla pianificazione. Un approccio che comprenda i benefici del capitale e degli investimenti globali, ma che presti anche attenzione ai bisogni e alle esigenze del contesto locale, senza differenziazioni tra gruppi sociali, riconoscendo la città come un "diritto" fondamentale piuttosto che come una "merce" economica.

La pressione della gentrificazione sui luoghi centrali della città è destinata ad aumentare. Se da un lato la gentrificazione può comportare una serie di vantaggi per la città, come il miglioramento della qualità fisica delle abitazioni e l'attrazione di residenti con un reddito più elevato, dall'altro crea spostamenti e disagi per i residenti originari (Marcuse, 1985). Purtroppo, non si tratta semplicemente di soppesare i vantaggi e gli svantaggi, perché il processo coinvolge diversi gruppi target. Se questa tendenza continua, le opzioni abitative a prezzi accessibili in città si ridurranno e i residenti con bassi salari saranno perennemente spostati verso la periferia della città in continua crescita. La soluzione dovrebbe essere applicabile e non rifiutare la gentrificazione, ma mitigare il problema dello sfollamento. Pertanto, "la questione può almeno essere avanzata a una discussione sul "come" piuttosto che sul "se" evitare lo spostamento" (Marcuse, 1985).

"La politica generale adottata in tutte le città del Medio Oriente è la produzione di piani regolatori per modificare l'uso del suolo esistente in vista di nuovi obiettivi di crescita. Molti di questi piani sono stati preparati senza un'adeguata comprensione delle esigenze della città, dove si è verificata una mescolanza di usi del suolo, e senza alcuna cooperazione tra i pianificatori e le persone per cui stanno pianificando" (Abu-Ghazalah, 1990). Purtroppo, a distanza di oltre un decennio, Amman sembra soffrire ancora dello stesso problema. La municipalità svolge un ruolo importante in questo difetto. Il GAM dovrebbe progettare un piano regolatore completo per la città e imporlo agli sviluppatori, a differenza del caso di Al-Abdali, dove ha adattato i piani regolatori e i regolamenti edilizi in base alla volontà dell'AID. Il piano dovrebbe tenere conto delle esigenze e delle capacità della città, poiché Amman ha un mercato molto limitato[15] , e incoraggiare sviluppi più inclusivi. Inoltre, la municipalità dovrebbe dare priorità alla popolazione locale e non favorire i costruttori,

---

La città è stata afflitta da una serie di spazi di consumo recintati sin dalla fine del XX secolo. Numerosi centri commerciali si sono succeduti in termini di popolarità e vitalità economica. L'attività dell'Abdoun Mall è diminuita con l'apertura del Mecca Mall, che è stato colpito dal successivo City Mall, anch'esso degradato a causa del più recente Taj Mall. L'Abdoun Mall è stato chiuso e l'Al-Baraka Mall è in arrivo a causa dell'apertura dell'adiacente Galleria Mall. AURP introdurrà il centro commerciale Al-Abdali, progettato per essere il più grande di Amman. Che effetto avrà sugli altri?

come è avvenuto nel processo di esproprio di Al-Abdali.

Il Comune e lo Stato devono garantire che a nessuno venga negato il "diritto alla città". Ma questo "diritto" è assoluto, dipende da chi lo rivendica (Harvey, 2012). Chiunque può rivendicarlo su e ha tutte le ragioni per farlo. Ma rivendicare il diritto alla città non significa solo lottare per le sedi centrali della città e per l'uguaglianza dei servizi, significa "rivendicare un qualche tipo di potere modellante sui processi di urbanizzazione, sui modi in cui le nostre città sono fatte e rifatte, e farlo in modo fondamentale e radicale" (Harvey, 2012: 5). Si tratta quindi del diritto di controllare ciò che "sta rimodellando il nostro mondo oggi" (Saad-Filho e Johnston, 2005), cioè il neoliberismo.

Bibliografia

Ababsa, M. (2011). Disparità sociali e politiche pubbliche ad Amman. *Città, pratiche urbane e costruzione della nazione in Giordania. Villes, pratiques urbaines et construction nationale enJordanie*, 205-232.

Ababsa, M. (2013). L'area edificata di Amman Ruseifa-Zarqa: il cuore dell'economia nazionale. *Atlante della Giordania: storia, territori e società*, 384-397.

Abdali (2012a). *Panoramica del progetto*. Abdali, http://www.abdali.jo/ (accesso 2015).

Abdali (2012b). *Abdali PSC*. Abdali, http://www.abdali.jo/ (Accesso 2015).

Abu-Ghazalah, S. M. (1990). *Riforma delle città del XXI secolo*. Philadelphia Commercial Services Establishment, Pub. and Distributing Department.

Abu-Ghazalah, S. (2007). I grattacieli come strumenti di riforma economica ed elementi dello skyline urbano: Il caso del progetto di sviluppo di Abdali ad Amman. *METU Journal of the Faculty ofArchitecture*, *24*(1), 49-70.

AID (2007). *Notiziario Abdali numero 3*. Abdali, http://www.abdali.jo/index.php?r=media/newsletter (accesso 2015).

AID (2008). *Notiziario Abdali numero 4*. Abdali, http://www.abdali.jo/index.php?r=media/newsletter (accesso 2015).

AID (2010). *Notiziario Abdali numero 10*. Abdali, http://www.abdali.jo/index.php?r=media/newsletter (accesso 2015).

AID (2011). *Notiziario Abdali numero 11*. Abdali, http://www.abdali.jo/index.php?r=media/newsletter (accesso 2015).

Al-Bawaba (2006). *DAMAC Properties introduce "The Heights" nella splendida area Abdali di Amman*. Albawaba News, http://www.albawaba.com/news/ damac-properties-introduce-%E2%80%9C-heights%E2%80%9D-stunning-abda- li-area-amman (Accesso 2015).

Alon, Y. (2007). *Making ofJordan: Tribes, Colonialism and the Modern State* (Vol. 61). IBTauris.

Barbir, S. (2012). *Messaggio del presidente*. Abdali, http://www.abdali.jo/index.php?r=site/page&id=16 (accesso 2015).

Barthel, P. A., et al. (2010). *I megaprogetti arabi*. Stampa alessandrina.

Bloomberg (2008). *Bahaa Hariri lascia la Saudi Oger per gestire la propria società immobiliare*.

Bloomberg, http://www.bloomberg.com/apps/news?pid=newsar- chive&sid=a5kYI_zqE0lg (accesso 2015).

Butler, T. e Lees, L. (2006). Super-gentrificazione a Barnsbury, Londra: globalizzazione e gentrificazione delle élite globali a livello di quartlere. *Transactions of the Institute of British Geographers, 31* (4), 467-487.

Daher, R. (2013). Trasformazioni urbane neoliberali nella città araba: Meta-narrazioni, disparità urbane e l'emergere di utopie consumistiche e geografie delle disuguaglianze ad Amman. *Environnement urbain/Urban Environment, 7,* 99-115.

Daher, R. (2011). Discorsi di neoliberismo e disparità nel paesaggio urbano: Gru, crateri e un'urbanità esclusiva. *Collezioni elettroniche dell'If- po. Livres en ligne des Presses de l'Institutfrançais du Proche-Orient,* 6, 273-295.

Dipartimento di Statistica (2013). *Annuario statistico 2013.* Dipartimento di Statistica, http://dos.gov.jo/dos_home_e/main/yearbook_2013.pdf (Accesso 2015).

Dipartimento di Statistica (2014). *Statistiche demografiche 2014 di Al-Abdali.* Dipartimento di Statistica (recuperato personalmente 2015).

El-Ghul, A. (1999). Crescita urbana e pianificazione regionale nel mondo arabo "Caso di studio della Giordania". *Urbanistca PVS,* Università La Sapienza.

GAM (2008), *Il piano di Amman: Rapporto sulla crescita metropolitana.* Comune di Greater Amman, www.ammancity.gov.jo.

GAM (2009), *La storia di Amman, Amman City 100.* Greater Amman Municipality, http://www.ammancity100.jo/en/content/story-amman/ancient-history (accesso 2014).

Ham, A. e Greenway, P. (2003). *Giordania.* Lonely Planet.

Harvey, D. (2005). *Breve storia del neoliberismo.* Oxford University Press.

Harvey, D. in conversazione con Robles-Duran, M. (2011). La città neoliberale: investimenti, sviluppo e crisi. *Asimmetrie urbane: Studies and Projects on Neoliberal Urbanization,* eds. Tahl Kaminer, Miguel Robles-Duran e Heidi Sohn, 34-45.

Harvey, D. (2012). *Città ribelli: dal diritto alla città alla rivoluzione urbana.* Verso Books.

Henry, C. M. e Springborg, R. (2010). *Globalizzazione e politica dello sviluppo in Medio Oriente* (Vol. 1). Cambridge University Press.

Jordan Times (2010). *Rapporto sulla società statale Mawared trasmesso all'agenzia anticorruzione*. Jordan Times, http://www.jordantimes.com/news/local/report- state-owned-mawared-forwarded-anti-corruption-agency (accesso 2015).

Jordan Times (2014). *I siriani costituiscono un quinto della popolazione di Amman - dati ufficiali*. Jordan Times, http://www.jordantimes.com/news/local/syrians-consti- tute-one-ffth-amman-population-%E2%80%94-official-fgures (Accessed 2015).

Kaminer, T., Robles-Duran, M. e Sohn, H. (2011). *Introduzione. Asimmetrie urbane: Studies and Projects on Neoliberal Urbanization*, eds. Tahl Kaminer, Miguel Robles-Duran e Heidi Sohn, 10-21.

Lees, L., Shin, H. B., & Lopez-Morales, E. (Eds.). (2015). *Gentrificazioni globali: Sviluppo ineguale e sfollamento*. Policy Press.

Lees, L., Slater, T. e Wyly, E. (2008). *Gentrification*. Routledge.

MacLeod, G. (2002). Dall'imprenditoria urbana a una "città revanscista"? Sulle ingiustizie spaziali della rinascita di Glasgow. *Antipode, 34*(3), 602-624.

Makhamreha, Z. e Almanasyeha, N. (2011). Analisi dello stato e del modello di crescita urbana e di pianificazione della città di Amman mediante immagini satellitari e GIS. *EuropeanJournalofSocialSciences, 24*(2), 225-264.

Marcuse, P. (1985). Gentrificazione, abbandono e sfollamento: Connessioni, cause e risposte politiche a New York City. *Wash. UJ Urb. & Contemp. L., 28*, 195.

Marris, P. (1986). Perdita e cambiamento, ed. riv. *Routledge & Kegan Paul, Londra, 168*, 99-108.

Mawared (2010a). *Informazioni sulla Giordania*. Mawared, http://www.mawared.jo/ (accesso 2015).

Mawared (2010b). *Chi siamo*. Mawared, http://www.mawared.jo/ (Accesso 2015).

Mawared (2010c). *Al servizio delle comunità*. Mawared, http://www.mawared.jo/ (Accesso 2015).

Ministero della Pianificazione e della Cooperazione internazionale (2014). *Jordan Response Plan 2015 for the Syria Crisis*, http://www.jo.undp.org/content/dam/jordan/docs/Publications/JRP+Final+Draft+2014.12.17.pdf (Accesso 2015).

Musa, M. (2013). *Constructing global Amman: petrodollars, identity, and the built environment in the early twenty-first century* (tesi di dottorato, Università dell'Illinois a Urbana-Champaign).

Namrouqa (2012). *Gli attivisti intensificano la campagna per salvare gli alberi e il punto di riferimento dalla distruzione del progetto Abdali*. Jordan Times, http://www.jordantimes.com/news/ local/activists-step-campaign-save-trees-landmark-destruction-abdali-project (accesso 2015).

Istituto di ricerca norvegese Fafo, Dipartimento di Statistica e Fondo delle Nazioni Unite per la Popolazione (UNFPA). (2007). *Iracheni in Giordania: numero e caratteristiche.*

Parker, C. (2009). Tunnel-bypass e minareti del capitalismo: Amman come assemblaggio neoliberale. *PoliticalGeography, 28*(2), 110-120.

Peck, J. e Tickell, A. (2002). Spazio neoliberale. *Antipode, 34*(3), 380-404.

Porter, L. e Shaw, K. (2013). *Il rinascimento urbano di chi? Un confronto internazionale delle strategie di rigenerazione urbana*. Routledge.

Potter, R. B., Darmame, K., Barham, N. e Nortcliff, S. (2009). "Amman in continua crescita", Giordania: espansione urbana, polarizzazione sociale e problemi di pianificazione urbana contemporanea. *Habitatinternational*, 33(1), 81-92.

Ryan, A. (1993). Il liberalismo. *A companion to contemporary political philosophy*, 291-311.

Saad Filho, A. e Johnston, D. (2005). *Il neoliberismo: A critical reader*. Pluto Press.

Schlumberger, O. (2002). L'economia giordana negli anni '90: Transizione verso lo sviluppo. *Jordan in Transition, Londra: C. Hurst & Co*, 225-253.

Shami, S. (1996). I circassi di Amman: narrazioni storiche, abitazione urbana e costruzione dell'identità . *Amman: la città e la sua società. Beirut: CERMOC.*

Smith, N. (2002). Nuovo globalismo, nuovo urbanesimo: la gentrificazione come strategia urbana globale. *Antipode, 34*(3), 427-450.

Summer, D. (2006). La neoliberalizzazione dello spazio urbano. Reti di investimento transnazionali e circolazione delle immagini urbane: Beirut e Amman. *Villes et Territoires du Moyen-Orient, 2.*

Il boulevard (2015). *Storia*. Boulevard, http://www.abdali-boulevard.jo/site/ history (Accessed 2015).

L'opuscolo Abdali (2015). *Opuscolo Abdali*. Abdali, http://www.abdali.jo/index.php?r=site/page&id=26 (accesso 2015).

Thorsen, D. E. e Lie, A. (2006). Che cos'è il neoliberismo. *Oslo, Università di Oslo, Dipartimento di Scienze Politiche, Manoscritto*, 1-21.

Nazioni Unite - Commissione economica e sociale per l'Asia occidentale. (2005). *L'urbanizzazione e il carattere mutevole della città araba (Rapporto n. E/ESCWA/ SDD/2005/1)*. NewYork: Nazioni Unite.

Van Weesep, J. (1994). La gentrificazione come frontiera della ricerca. *Progress in Human Geography*, *18*(1), 74-83.

Appendice

Tabella 1: Salario medio mensile per i dipendenti del settore pubblico e privato in Giordania, suddivisi per occupazione

Principali gruppi di occupazione	Percentuale di lavoratori	Salario medio mensile (JOD)
Legislatori, funzionari e dirigenti di alto livello	4.35	1,282
Professionisti	28.83	563
Tecnici e professionisti associati	9.58	453
Commessi	8.73	404
Operai dell'artigianato e dei mestieri affini	11.72	320
Operatori e assemblatori di impianti e macchine	11.42	292
Addetti all'assistenza e alle vendite	13.11	276
Occupazioni elementari	12,26	272

Mese di riferimento: Ottobre 2012. Adattato da *Annuario statistico 2013*, Tabella 4.3, pag. 42. Dipartimento di Statistica, http://dos.gov.jo/dos_home_e/main/yearbook_2013.pdf (Accesso 2015).

Tabella 2: Prezzi degli immobili residenziali disponibili in uno degli edifici DAMAC ad AURP

Piano n.	Tipo	Area (m²)	Prezzo (JOD)
32	Attico duplex	660.49	1877200
29	Duplex	417.6	1055000
28	3 BR	330.37	834700
6	3 BR	312	663500
23	3 BR	272.05	658700
5	3 BR	312	656900
28	1 BR	250.93	634000
2	2 BR	190.03	400100
1	2 BR	169.84	357600
3	1 BR	95.82	201800
3	1 BR	91.86	193400

Sulla base di una comunicazione con un funzionario DAMAC. "Tutti i prezzi indicati in questa comunicazione sono validi solo per oggi e sono soggetti a modifiche senza preavviso" (ottobre 2015).

Tabella 3: Medie dei prezzi immobiliari per Amman, 2007

Area Number	Area	Rent (JD per m2)									Price (JD per m2)	
		Residential (100 m2)	Residential (120-150 m2)	Residential (170 m2)	Commercial (50 m2)	Commercial (70-100 m2)	Commercial (150 m2)	Offices (50 m2)	Offices (70-90 m2)	Offices (120 m2)	Residential	Commercial
1	Al-Madinah	0.92	0.80	0.74	3.18	2.16	1.35	1.85	1.40	1.06	35.00	66.88
2	Basman	1.06	0.97	0.77	5.01	3.71	1.94	2.80	2.16	1.48	50.71	96.43
3	Al-Nasser	1.35	1.32	0.99	3.04	2.24	1.25	2.48	2.26	1.32	67.00	95.00
4	Al-Yarmouk	0.98	0.89	0.81	2.23	1.61	0.98	2.00	1.63	1.10	35.00	60.00
5	Al-Qweismeh, Abu Alanda, Al-Juwaideh, Al-Raqeem	1.18	1.12	0.89	2.93	2.31	1.20	2.13	1.69	1.12	60.83	76.50
6	Ras Al-A'in	1.28	1.14	0.88	3.00	2.24	1.23	1.97	1.56	1.21	88.33	167.50
7	Bader	1.36	1.29	0.94	3.48	2.64	1.35	2.58	2.03	1.18	110.00	149.00
8	Umm Gseir, Muqabelein, Al-Bnayyat	1.00	0.91	0.75	2.58	2.08	1.07	1.95	1.54	1.06	71.25	100.83
9	Zahran	2.14	1.88	1.55	5.84	4.50	2.39	5.24	4.09	2.57	212.00	530.00
10	Al-Abdali	1.90	1.65	1.39	6.50	4.56	2.50	4.88	3.56	2.41	272.50	507.50
11	Marka	0.98	0.88	0.79	3.25	2.63	1.33	2.50	2.00	1.33	46.25	83.33
12	Tareq	1.45	1.24	1.10	3.63	2.46	1.49	2.65	2.08	1.42	116.25	265.00
13	Al-Jubeha	2.34	1.98	1.58	4.04	3.06	1.69	3.86	2.85	1.88	242.14	735.00
14	Tla' Al-Ali, Umm Al-Summaq, Khalda	2.49	2.14	1.68	6.80	4.81	2.52	5.91	4.50	2.78	374.00	977.78
15	Wadi El-Seer	1.85	2.04	1.55	7.34	5.23	2.71	5.49	4.21	2.59	286.11	568.75
16	Sweileh	2.08	1.75	1.45	4.87	2.94	1.84	3.52	2.38	1.74	258.33	350.00
17	Abu Nseir	1.50	1.33	1.18	5.40	3.53	1.97	3.80	2.63	1.92	180.00	750.00
18	Sahab	0.85	0.74	0.71	3.80	2.35	1.47	1.80	1.25	1.08	90.00	100.00
19	Khreibet Al-Souq	1.20	1.19	0.85	5.20	3.53	1.93	3.70	2.50	1.92	50.00	200.00
20	Na'our and Marj Al-Hamam	1.58	1.33	1.15	4.45	3.12	1.67	5.50	4.00	2.56	187.50	500.00

Fonte: *Al-Balad come luogo del patrimonio: problematizzare la concettualizzazione del patrimonio nel contesto del Medio Oriente arabo musulmano*, Tabella 2-3, pag. 40. Tesi di laurea di Janset Shawash (Bartlett Faculty of the Built Environment, Development Planning Unit, University College London).

I want morebooks!

Buy your books fast and straightforward online - at one of world's fastest growing online book stores! Environmentally sound due to Print-on-Demand technologies.

Buy your books online at
www.morebooks.shop

Compra i tuoi libri rapidamente e direttamente da internet, in una delle librerie on-line cresciuta più velocemente nel mondo! Produzione che garantisce la tutela dell'ambiente grazie all'uso della tecnologia di "stampa a domanda".

Compra i tuoi libri on-line su
www.morebooks.shop

info@omniscriptum.com
www.omniscriptum.com

OMNIScriptum

www.ingramcontent.com/pod-product-compliance
Ingram Content Group UK Ltd.
Pitfield, Milton Keynes, MK11 3LW, UK
UKHW041935131224
452403UK00001B/155